Aventuras

Autores principales
Principal Authors
Dolores Beltrán
Gilbert G. García

Autores de consulta
Consulting Authors
J. David Cooper
John J. Pikulski
Sheila W. Valencia

Asesores
Consultants
Yanitzia Canetti
Claude N. Goldenberg
Concepción D. Guerra

BOSTON

Front cover and title page photography by Tony Scarpetta.

Front and back cover illustrations are from *Henry and Mudge and the Starry Night*, by Cynthia Rylant, illustrated by Suçie Stevenson. Text copyright © 1998 by Cynthia Rylant. Illustrations copyright © 1998 by Suçie Stevenson. Reprinted by permission of Simon & Schuster Books for Young Readers, an imprint of Simon & Schuster Children's Publishing Division. All rights reserved.

Acknowledgments begin on page 381.

Printed in the U.S.A.

ISBN: 0-618-23864-6

456789-VH-11 10 09 08 07 06 05 04 03

Contenido
Tema 1

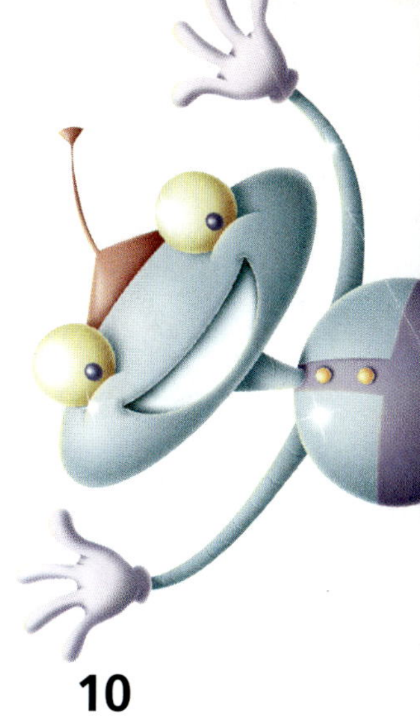

Cuentos graciosos 10

relato fantástico

relato fantástico

relato fantástico

Biblioteca fonética

- El picnic de Pepe y Melisa
- Helado estrellado
- Una casa para Chuletas
- La granja de Robin
- Dulce sonrisa
- La gran sorpresa

Superlibro

Las vacas no vuelan
por David Milgrim
autor premiado

¡Adelante! Libros de práctica

El sueño de Minino
por Misha Millarky

Libros del tema

Pepín y el abuelo
por Hilda Perera

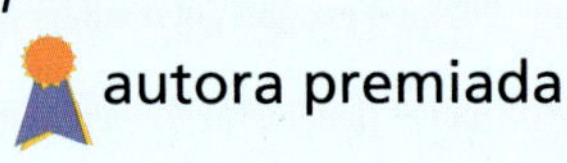
autora premiada

La vaca Enriqueta esquía en Valcorneta
por Xavier Frías Conde

Contenido
Tema 2

Vamos afuera

ficción realista

Biblioteca fonética

- El jardín de doña Cochi
- Felipe y Beto al aire libre
- ¡Qué fecha!
- Cuco Cucoruco
- En el bosque
- La culebra y su nueva piel

Superlibro

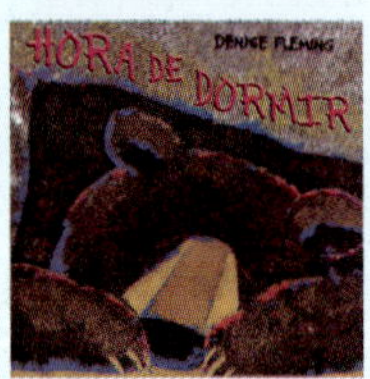

Hora de dormir
por Denise Fleming
autora premiada

¡Adelante! Libros de práctica

Una noche de invierno
por Misha Millarky

Libros del tema

La noche de las estrellas
por Douglas Gutiérrez

Turquesita
por Silvia Dubovoy

De cerca

Fábulas

Contenido
Tema 3

Vivimos aquí

ficción realista

Biblioteca fonética

- Antes de cada función
- Cada mayo en Calle Bella
- Regino Jiménez, el cartero
- Salvemos a Gugu
- Mamá Celia y sus ratoncitos
- Barrio Jitomate
- ¡Qué reguero!
- El almuerzo de Papá

Superlibro

La perrita del taxi
por Debra y Sal Barracca
autores premiados

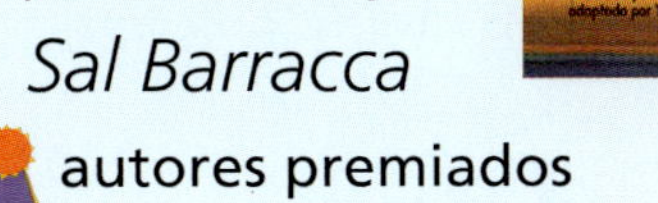

¡Adelante! Libros de práctica

Agárrala, Rigo
por Becky Cheston

Libros del tema

Camilón, comilón
por Ana María Machado
autora premiada

Yaci y su muñeca
por C. Zendrera

Cuentos graciosos

¿Qué te pasa?

¿Qué te pasa, calabaza?
Nada, nada, limonada.

rima tradicional

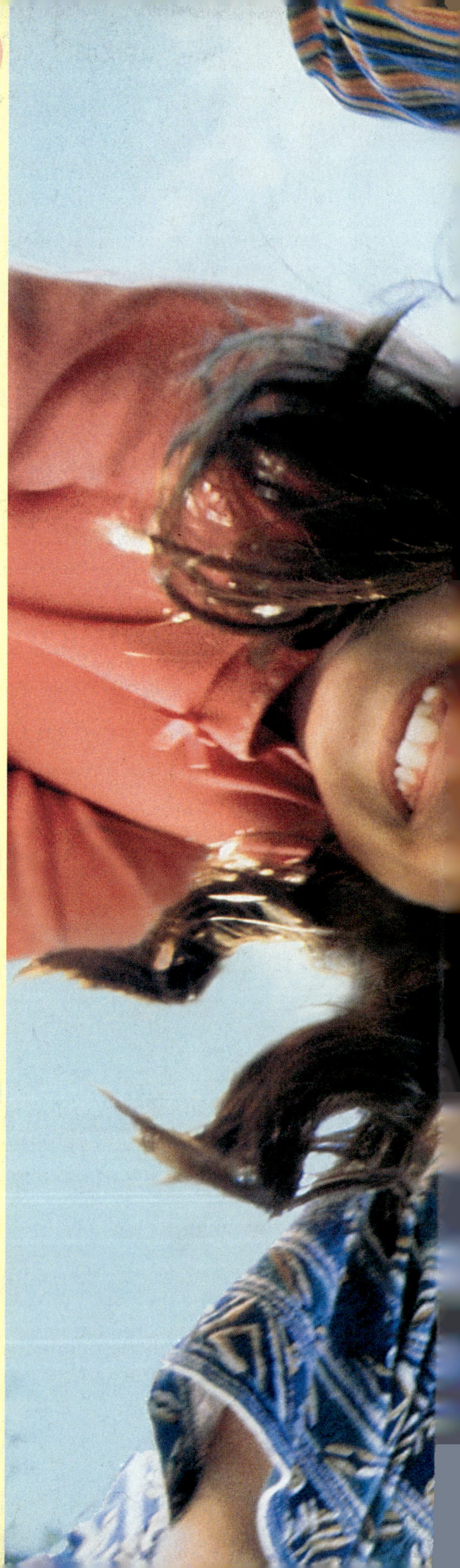

Tema 1

Cuentos graciosos

Contenido

Julio
cuento de Angela Johnson
ilustraciones de Dav Pilkey

Biblioteca fonética

- El picnic de Pepe y Melisa
- Helado estrellado
- Una casa para Chuletas
- La granja de Robin
- Dulce sonrisa
- La gran sorpresa

Superlibro

Las vacas no vuelan
por David Milgrim

Libros del tema

Pepín y el abuelo
por Hilda Perera

La vaca Enriqueta esquía en Valcorneta
por Xavier Frías Conde

¡Adelante! Libros de práctica

El sueño de Minino
por Misha Millarky

Libros relacionados

Si te gusta...

Dragón se las arregla
por Dav Pilkey

Entonces lee...

Dragón y el gato panzón
por Dav Pilkey
(Ekaré-Banco del Libro)

Dragón hace muchos errores mientras aprende cómo cuidar a un gato.

Chato y su cena
por Gary Soto
(Paperstar/Putnam)

Unos ratones engañan al gato que trata de atraerlos hasta su casa para comérselos.

Si te gusta...

Julio
por Angela Johnson

Entonces lee...

La verdadera historia de los tres cerditos
por Jon Sciezka
(Viking/Childrens Press)

Versión de "Los tres cerditos" donde el lobo cuenta cómo le pusieron una trampa.

Si le das una galletita a un ratón
por Laura Numeroff
(Harper arco Iris/Harper Collins)

Un cuento de una niña y un ratón que quiere más que una galletita.

Si te gusta...

Doña Caridad fue a la ciudad
por Wong Herbert Yee

Entonces lee...

La vaca que decía oink
por Bernard Most
(Lectorum Publications)
Un cuento divertido de animales y los sonidos que hacen.

¡Ronquidos!
por Michael Rosen
(Norma)
Los animales de una granja no pueden dormir porque el perro no para de roncar.

Tecnología

En Education Place

Añade tus informes de estos libros o lee los informes de otros estudiantes.

Education Place®

Visita www.eduplace.com/kids

Prepárate para leer

Desarrollar conceptos

Dragón se las arregla

Vocabulario

balanceada
compras
dieta
hambre
productos lácteos
verduras

Estándares

Lectura

- Reestablecer hechos y detalles

Una dieta balanceada

Vas a leer la historia de un personaje llamado Dragón. Dragón no tiene una **dieta** adecuada. Para mantener una dieta **balanceada**, debería escoger con cuidado alimentos de los distintos grupos alimenticios que se muestran a continuación.

La próxima vez que vayas de **compras**, busca alimentos de los seis grupos. Pero cuidado, no compres demasiados del último grupo.

¿No sientes **hambre** al ver tantos alimentos tan deliciosos?

grupo de los **productos lácteos**

grupo de las **verduras**

Margarine
grupo de las
frutas
grupo de
los granos
grupo de las
carnes, huevos
y frutos secos
grupo de las
grasas, aceites
y dulces

Selección 1

Dragón se las arregla

por Dav Pilkey

Estrategia clave

El viaje de compras de Dragón se convierte en toda una aventura. Al leer el cuento, haz pausas para **resumir** lo que ya has leído.

Lectura Reestablecer hechos y detalles

De compras

Dragón miró en la alacena, pero no había nada de comer.

—No hay nada en la alacena —dijo Dragón—. Tendré que ir de compras.

Dragón se subió a su carro y comenzó a manejar. El mercado estaba en la cima de una colina. Era un viaje muy empinado.

A Dragón le encantaba ir de compras. Él era un comprador muy astuto.

Dragón sólo compraba alimentos de los cinco grupos básicos. Del grupo de los productos lácteos, compró ganchitos de queso. Del grupo de los granos, compró rosquillas.

Del grupo de las frutas y las verduras, compró catsup. Del grupo de las carnes, compró chicharrones.

Y del grupo de los dulces, compró paletas de chocolate.

Dragón mantenía una dieta balanceada.

Dragón compró tanta comida que no le cupo toda en el carro.

—Ya sé lo que haré —dijo Dragón—. Me comeré parte de la comida ahora mismo. Así lo demás cabrá en el carro.

Dragón se sentó en el estacionamiento y empezó a comer. Devoró los ganchitos de queso. Se tragó las rosquillas. Y, uno por uno, se apuró los chicharrones.

Dragón comió y comió hasta que se acabó toda la comida.

—¡Uy! ¡Qué lleno estoy!

CATSUP
PALETAS DE
CHOCOLATE

Ahora era *Dragón* el que no cabía en el carro.

—¡Ay, ay, ay!, ¿y ahora qué voy a hacer? —dijo Dragón.

Pensó y pensó, y se rascó la cabezota.

—Ya sé lo que haré —dijo Dragón—. Voy a empujar el carro hasta llegar a casa.

Así que Dragón empujó el carro cuesta abajo. El carro empezó a rodar y a rodar cada vez más rápido...

y más rápido...

y más rápido.

Por fin, el carro de Dragón se detuvo justo enfrente de su casa.

A Dragón le dio tanta emoción el viaje que de repente le dio hambre.

Dragón fue a la cocina y miró en la alacena. No había nada de comer.

—No hay nada en la alacena —dijo Dragón—. Es hora de ir de compras.

Conozcamos al autor e ilustrador

Dav Pilkey

A Dav Pilkey muchas veces le preguntan por qué escribe su nombre "Dav" y no "Dave". Cuando Dav Pilkey tenía diecisiete años, trabajaba de camarero en una pizzería. Llevaba una etiqueta con su nombre en la camisa. Pero como la máquina que la imprimió estaba dañada, en vez de "Dave" salió "Dav", y así se quedó su nombre.

Dav Pilkey escribe e ilustra sus propios libros. También lee muchos libros infantiles escritos por otros autores. Sus autores preferidos son James Marshall, Arnold Lobel, Dr. Seuss y Cynthia Rylant.

Otros libros por Dav Pilkey:

Un amigo para Dragón, Dogzilla, The Paperboy

Para saber más acerca de Dav Pilkey, visita Education Place.

www.eduplace.com/kids

Reacción

Piensa en la selección

1. Piensa en algunos consejos prácticos que podrías darle a Dragón para la próxima vez que vaya de compras.
2. ¿Por qué crees que Dragón no paró de comer hasta que no quedó nada?
3. Dragón se comió toda la comida que no le cabía en el carro. ¿Qué harías tú si no tuvieras espacio en el carro para toda la comida?
4. ¿Por qué crees que a Dragón le gustaba tanto ir de compras? ¿Cómo te sientes tú cuando vas de compras?
5. **Conectar/Comparar** ¿Cuáles crees que son las partes más graciosas del cuento?

Informar

Escribe una lista de compras

Haz dos listas. En la primera lista, escribe el nombre de los alimentos que compró Dragón en el mercado. En la segunda lista, escribe el nombre de los alimentos que comprarías tú.

Consejos

- **Dobla por la mitad una hoja de papel tal y como se muestra.**
- **Numera las listas.**

Lectura Reestablecer hechos y detalles
Escritura Escribir de forma legible

Salud

Planea un almuerzo balanceado

Haz un menú para un almuerzo balanceado. Escoge comidas de los distintos grupos alimenticios que se muestran en las páginas 16 y 17. Nombra el grupo alimenticio de cada artículo.

Escuchar y hablar

Haz un comercial de televisión

Si Dragón tuviera que hacer un comercial de televisión para anunciar su alimento favorito, ¿qué diría? Planea un comercial. Represéntalo frente a la clase.

Consejos

- **Mira los comerciales de televisión para sacar ideas.**
- **Usa palabras descriptivas como *delicioso* y *nutritivo*.**

Internet

Una encuesta en línea

¿Cuáles son tus alimentos favoritos? ¿Te gusta ir de compras? Participa en la encuesta en línea de Education Place y da tu opinión. **www.eduplace.com/kids**

Escuchar/Hablar Propósito de la audición

Conexión con las ciencias

Destreza: Cómo seguir instrucciones

1. Lee el título.
2. Lee primero todas las instrucciones.
3. Reúne todos los materiales necesarios antes de empezar la actividad.
4. Si hay que seguir varios pasos, lee cada paso más de una vez. Haz los pasos en orden, siguiendo los números.

Estándares

Ciencias

- **Objetos y movimiento**
- **Predicciones basadas en patrones**

Bolita redondita

por Janice VanCleave

Yo me pregunto, ¿por qué todo rueda cuesta abajo?

Reúne estos materiales:

- talco
- bandeja de horno
- lata
- cinta adhesiva
- $\frac{1}{4}$ de taza de agua
- colorante rojo para comida
- taza
- cuchara
- gotero

¡Vamos a averiguarlo!

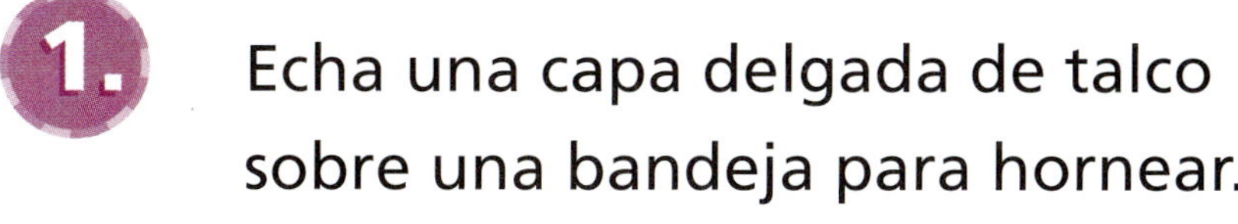

1. Echa una capa delgada de talco sobre una bandeja para hornear.

2. Coloca la bandeja en el piso.

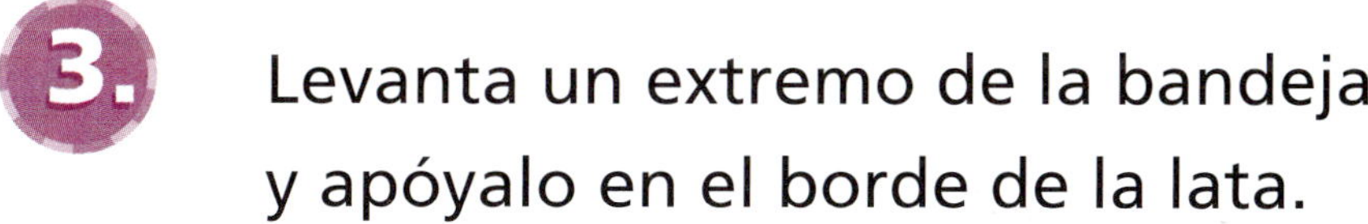

3. Levanta un extremo de la bandeja y apóyalo en el borde de la lata.

4. Sujeta la bandeja a la lata con cinta adhesiva.

5. Vierte en la taza el agua y 10 gotas de colorante para comida. Remuévelo bien.

6. Llena el gotero con el agua coloreada.

7. Aprieta varias veces el gotero dentro de la taza hasta que consigas hacer caer una sola gota con cada apretón.

8. Siéntate al lado del extremo alzado de la bandeja entalcada. Sujeta el gotero justo encima del extremo alzado.

9. Deja caer 1 gota de agua coloreada y observa cómo resbala por la bandeja entalcada. El talco la envolverá y se convertirá en un pequeño objeto rodante al que llamaremos *bolita redondita.*

Ahora ya lo sabemos

La gravedad es la fuerza que lo atrae todo hacia el suelo. También hace que las cosas redondas, como las pelotas y las ruedas de bicicleta, rueden cuesta abajo. Por eso es que tu bolita redondita rodó cuesta abajo sobre la bandeja de horno.

¡Ya veo!

Cuento

Un cuento narra una historia inventada. Tiene un personaje principal, un principio, una parte central y un final. Cuando escribas tu propio cuento, usa esta muestra escrita por una estudiante.

Asegúrate de que el **título** atraiga la atención del lector para que lea tu cuento.

En el **principio** del cuento se dice cuándo y dónde ocurre la acción.

Ayuda al lector a imaginarse al **personaje principal**. Añade detalles.

La pantera hambrienta

El lunes, después de la escuela, me senté en mi escritorio. Quería terminar mi dibujo de una pantera. Saqué mis tres marcadores, el morado, el negro y el azul, y empecé a pintar. De repente, vi que la pantera me guiñaba el ojo. ¿O no? Me asusté y fui corriendo a contárselo a mi mamá. Pero, por la mirada que me dio, creo que no me creyó.

Esa noche, oí un ruido en el piso de abajo. Abrí el armario donde mi papá guarda su bate de béisbol de metal, lo agarré y bajé las escaleras. Vi una figura azul, negra y morada, y enseguida lo supe. Era mi pantera la que hacía el ruido. Estaba en la cocina preparándose un

Escritura
Escribir narraciones breves
Desarrollar una secuencia de sucesos

sándwich de pavo.

La pantera me miró y preguntó: —¿Sabes dónde está la mostaza? Me impresioné tanto que subí a mi cuarto y me vestí.

La pantera y yo fuimos a la heladería. Ella se comió tres bolas de vainilla. Yo me comí dos bolas de helado de chicle. De regreso a casa, me dormí en el lomo de la pantera.

Cuando me desperté a la mañana siguiente, ya tenía puesta la ropa para la escuela. Tenía un sabor a helado de chicle en la boca. ¿Es posible que a alguien le ocurra esto? ¿Me habrá pasado de verdad?

El **diálogo** da vida a los personajes.

La **parte central** de un cuento narra los sucesos más importantes.

El **final** completa el cuento. ¡Y hasta te puede sorprender!

Conozcamos a la autora

Ashley C.

Grado: segundo
Estado: Nueva York
Pasatiempos: natación, montar en bicicleta
Qué quiere ser cuando sea mayor: veterinaria

Prepárate para leer

Desarrollar conceptos

Julio

Vocabulario

esparcía
imitaba
migajas
ruido
tragaba

Estándares

Lectura

- Usar patrones de ortografía

¿Cómo se comportan los cerdos de verdad?

¿Qué significa comportarse como un cerdo? ¿Has visto alguna vez a alguien que imitaba a un cerdo? ¿Crees que es así como se comportan los cerdos en la vida real? En el siguiente cuento, conocerás a un cerdo que se comporta más bien como una persona.

Este cerdito se **tragaba** la comida con gusto.

A la hora de comer, este cerdito **esparcía** la comida por todos lados.
Y este cerdito comía **migajas** y sobras, pero sólo si no había nada más para comer.
¡Oinc!
El **ruido** que hace este cerdito se llama gruñido.

Conozcamos a la autora

Angela Johnson

Nació: el 18 de junio en Tuskegee, Alabama

Dónde vive ahora: Kent, Ohio

Pasatiempos: ver películas antiguas, jardinería y viajar

Cuándo empezó a escribir: "Empecé a escribir a los nueve años. Mis padres me compraron un diario y allí escribía cada día, principalmente acerca de mis amigos".

Otros libros: *The Leaving Morning*, *The Rolling Store*, *One of Three*

Conozcamos al ilustrador

Dav Pilkey

Nació: el 4 de marzo en Cleveland, Ohio

Dónde vive ahora: Eugene, Oregón

Mascotas: Tiene tres perros y un gato. Antes tenía tres ratones que se llamaban Rabies, Flash y Dwayne, pero al mudarse a Oregón tuvo que regalarlos.

Para saber más acerca de Angela Johnson y Dav Pilkey, visita Education Place

www.eduplace.com/kids

Julio

cuento de Angela Johnson
ilustraciones de Dav Pilkey

Estrategia clave

Es importante **verificar** que entiendes lo que vas leyendo acerca de Maya y Julio. Si no estás seguro de algo, vuelve a empezar o sigue leyendo para **aclarar** tus dudas.

El abuelito de Maya vivía en Alabama, pero pasaba cada invierno en Alaska.

El abuelito decía que por eso le gustaba beber el café con cubitos de hielo.

En una de sus visitas a Alabama, el abuelito trajo de Alaska un cajón enorme.

¡Era una sorpresa para Maya!

—Es algo que te enseñará a divertirte y a compartir —dijo el abuelito con una sonrisa—. Algo especial para mi nieta especial.

Maya esperaba que fuera un caballo o un hermano mayor. Ella siempre quiso tener uno o el otro.

Pero era un cerdo.

Un cerdo bien grande.

Un cerdo de Alaska que salió de la caja imitando a un oso polar.

¡Había llegado Julio!

Los papás de Maya no estaban muy contentos. No encontraban a Julio divertido, ni lo habían visto compartir.

Maya, en cambio, quería mucho a Julio. Así que Julio se quedó.

Desde que Julio llegó, nunca había suficiente comida en la casa.

Sorbía el café y se tragaba la crema de cacahuate.

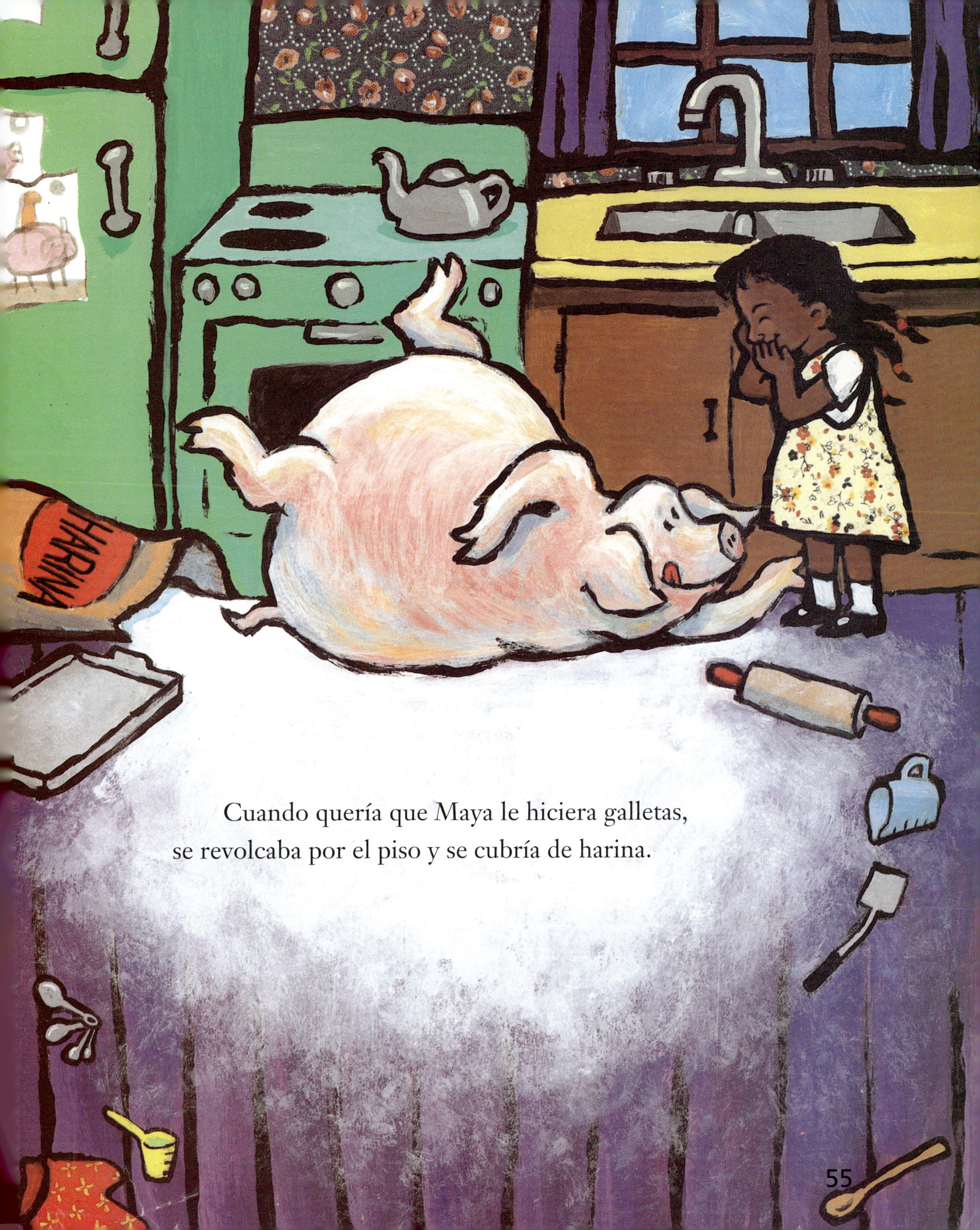

Cuando quería que Maya le hiciera galletas, se revolcaba por el piso y se cubría de harina.

Julio lo ensuciaba todo y esparcía las páginas del periódico antes de que nadie lo hubiera leído.

Dejaba las sábanas llenas de migajas y nunca recogía sus toallas.

Julio hacía mucho ruido. Por la noche,
se quedaba viendo películas antiguas hasta muy tarde,

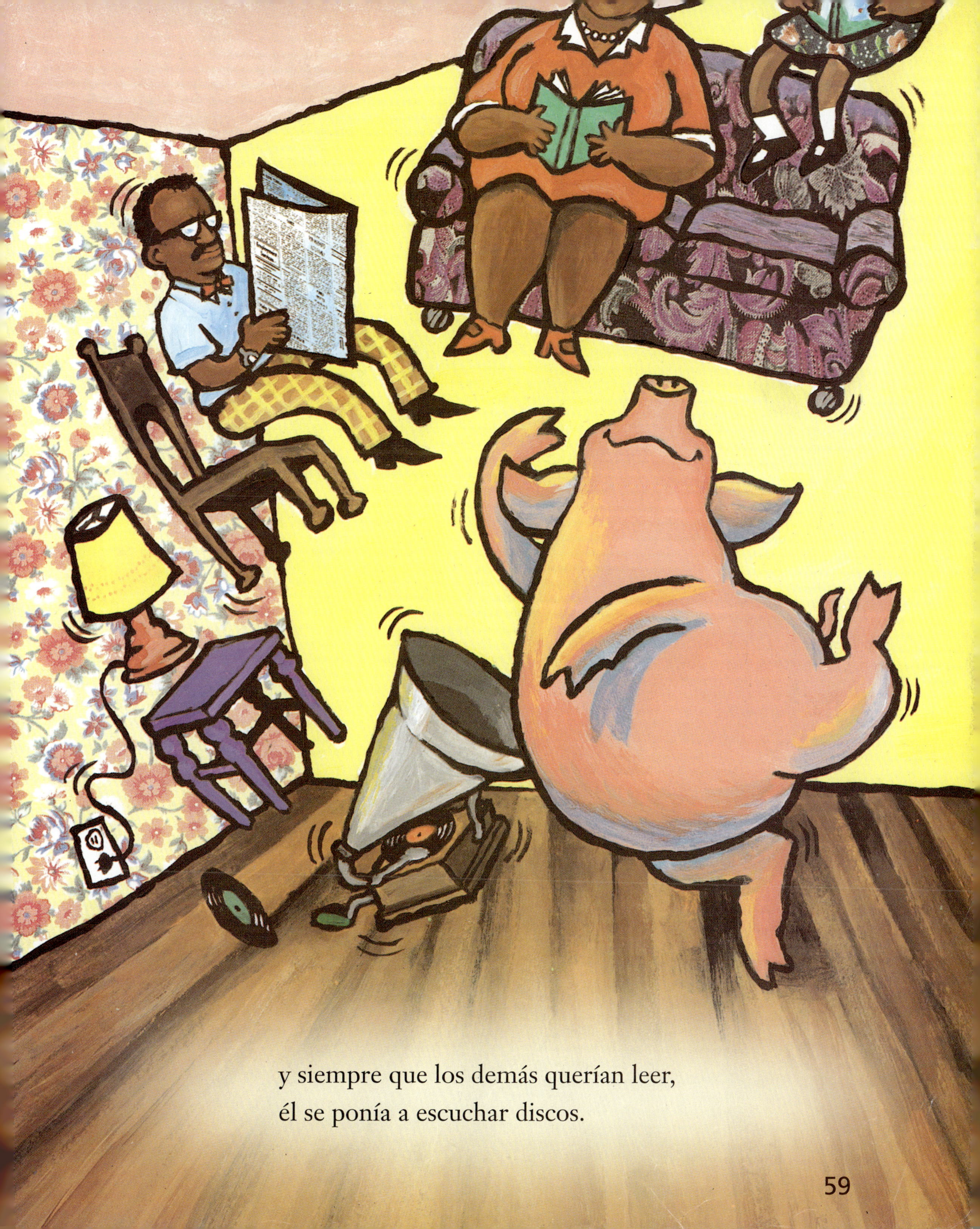

y siempre que los demás querían leer,
él se ponía a escuchar discos.

Pero Maya también conocía al otro Julio...

Al Julio con quien era tan divertido salir a pasear, porque imitaba a los perros y perseguía a los gatos.

Al Julio que, a escondidas, entraba a las tiendas con ella y se probaba la ropa. Le gustaba todo lo que fuera azul y elástico.

Juntos se probaban los sombreros. A Maya le gustaban los rojos de fieltro. A Julio le gustaban los de paja… ¡eran mucho más sabrosos!

Pero probarse los zapatos era difícil...

Julio pasaba horas y horas columpiándose con Maya.

Por la noche, cuando ella tenía miedo y no podía dormir, él la protegía. Bueno, a veces.

Maya adoraba al Julio que le enseñó a bailar al ritmo de la música jazz...

y a comerse la crema de cacahuate directamente del bote y sin ensuciar el techo.

Maya sabía que ningún hermano mayor le hubiera podido enseñar esas cosas.

Julio adoraba a la Maya que le enseñó que aunque él fuera un cerdo, no tenía que comportarse como si viviera en un establo.

Julio sabía que ningún cerdo en toda Alaska se lo hubiera podido enseñar.

Maya compartía con sus amigos todo lo que aprendió con Julio.

Columpiarse...

probarse sombreros y bailar al ritmo de la música jazz.

Julio compartía con los papás de Maya lo que ella le había enseñado. Bueno, a veces.

Y estaba contento, porque vivir con Maya y compartirlo todo era mucho más divertido que ser el cerdo más chévere de Alaska.

Reacción

Piensa en la selección

1. ¿Por qué crees que Maya quería un hermano mayor?
2. ¿En qué se parece Julio a la mayoría de los cerdos de verdad? ¿En qué no se parece a los cerdos de verdad?
3. ¿Cómo crees que se sentiría tu familia si Julio fuera a vivir a tu casa?
4. ¿Por qué crees que los papás de Maya dejaron que Julio viviera con ellos?
5. **Conectar/Comparar** ¿En qué se parecen Dragón y Julio? ¿Cómo son diferentes?

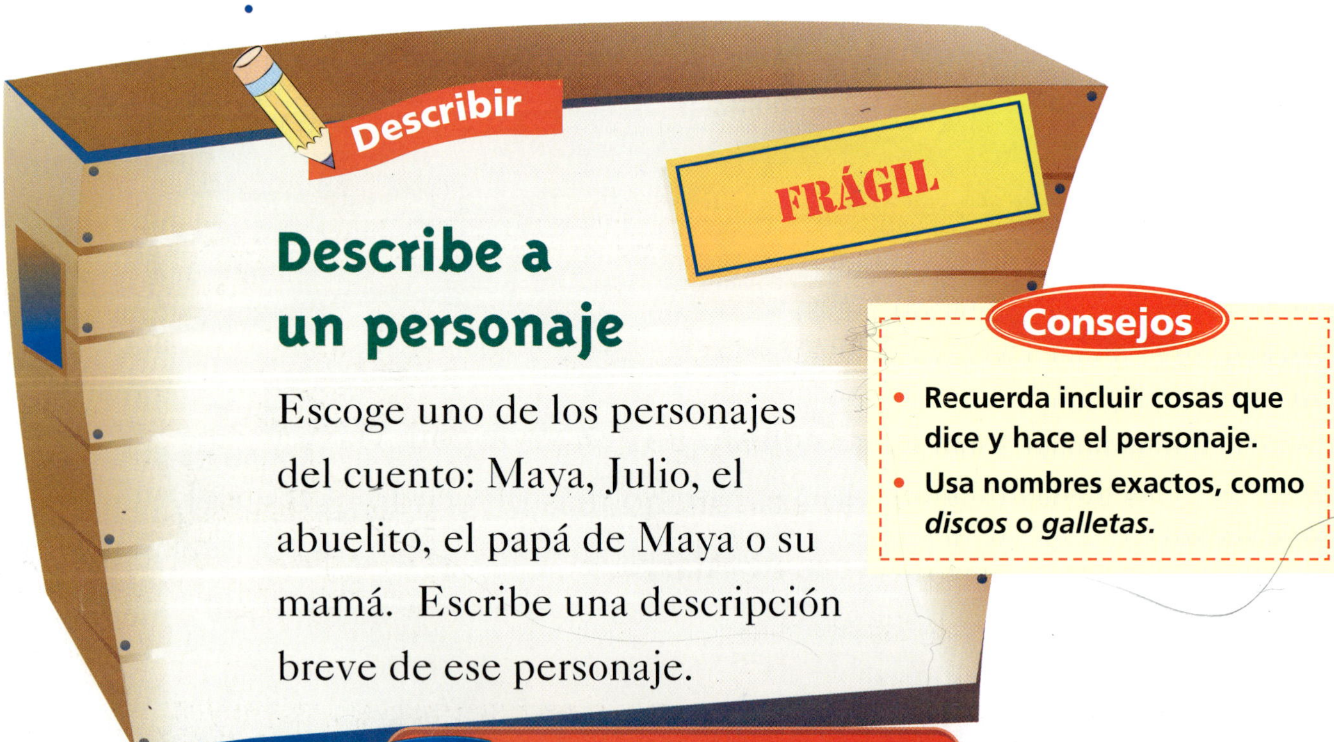

Describir

Describe a un personaje

Escoge uno de los personajes del cuento: Maya, Julio, el abuelito, el papá de Maya o su mamá. Escribe una descripción breve de ese personaje.

Consejos

- **Recuerda incluir cosas que dice y hace el personaje.**
- **Usa nombres exactos, como *discos* o *galletas*.**

Lectura Comparar elementos del cuento
Lenguaje Usar las partes de una oración

Estudios sociales

Usa un mapa o un globo terráqueo

Busca los Estados Unidos en un mapa o en un globo terráqueo.

- ¿En qué estado vive el abuelito? Señálalo.
- ¿En qué estado pasa los inviernos el abuelito?

Extra **Cuando el abuelito sale de su casa a pasar el invierno, ¿en qué dirección viaja? Explica tu respuesta.**

Observar

Compara las ilustraciones

Dav Pilkey ilustró los cuentos *Dragón se las arregla* y *Julio.* Con un compañero, observen las ilustraciones de ambos cuentos y coméntenlas.

Consejos

- **Usen dos libros. Abran uno en el cuento de *Julio* y el otro en el cuento de *Dragón se las arregla.***
- **Comparen los colores, las figuras y el fondo.**

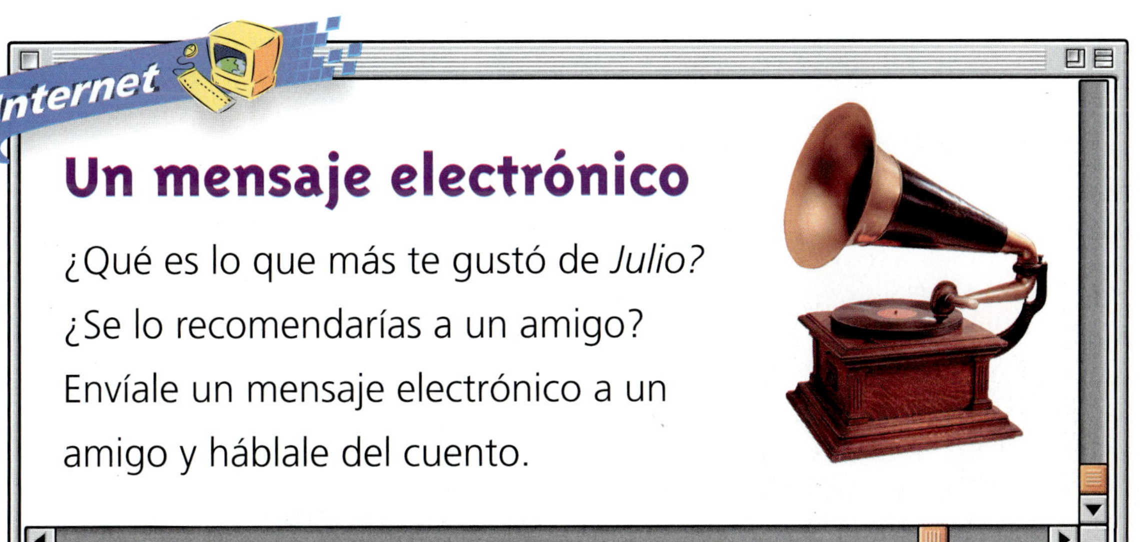

Internet

Un mensaje electrónico

¿Qué es lo que más te gustó de *Julio?* ¿Se lo recomendarías a un amigo? Envíale un mensaje electrónico a un amigo y háblale del cuento.

Conexión con los estudios sociales

Destreza: Cómo buscar información

1. Dale un vistazo a la página para encontrar el **título,** los **subtítulos** y las **leyendas.** No leas todas las palabras.
2. Identifica las **palabras clave** y la información que sea importante.
3. Cuando encuentres la información que necesitas, vuelve al principio y lee prestando atención.

Estándares

Lectura

- **Usar información de un texto expositivo**

No cuesta nada ser educado

(¿Por qué es importante tener buenos modales?)

por Beth Brainard y Sheila Behr

La clave para comportarse educadamente es regirse por la Regla de Oro: Trata a los demás como quieres que te traten a ti.

Las palabras mágicas

Gracias.

De nada.

Usa las palabras mágicas a diario:

Por favor
Gracias
De nada
Disculpe

Ser educado por teléfono

Al llamar por teléfono:

Hola, soy Susi. ¿Podría hablar con Carmen, por favor?

- Di *hola.*
- Di tu nombre.
- Pregunta por la persona con la que quieres hablar. Si no está, deja un mensaje o di *gracias* y *adiós*. Luego, cuelga. (Antes de colgar, siempre debes decir *adiós.*)
- Si te equivocas de número, di *disculpe* y *adiós.* Luego, cuelga.

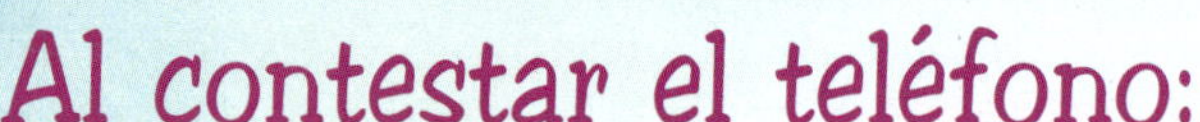

Al contestar el teléfono:

- Di *Bueno, Diga* o *Aló*.
- Si la persona que llama no dice quién es, pregunta: "¿De parte de quién?"
- No te rías ni actúes tontamente.
- No te quedes junto al teléfono gritando el nombre de la persona por quien preguntan. Es mejor que dejes el teléfono y vayas a buscarla.

Al oír la señal de otra llamada:

Al dejar un mensaje:

"...después de oír la señal es una buena idea dejar un mensaje completo. PIP"

Hola, soy Juan Carlos González.
Este mensaje es para Susi.
Por favor llámame cuando llegues.
Mi número es el 555-4321.
Adiós.

(Juan Carlos sabe dejar un mensaje.)

Algunos consejos para hablar por teléfono:

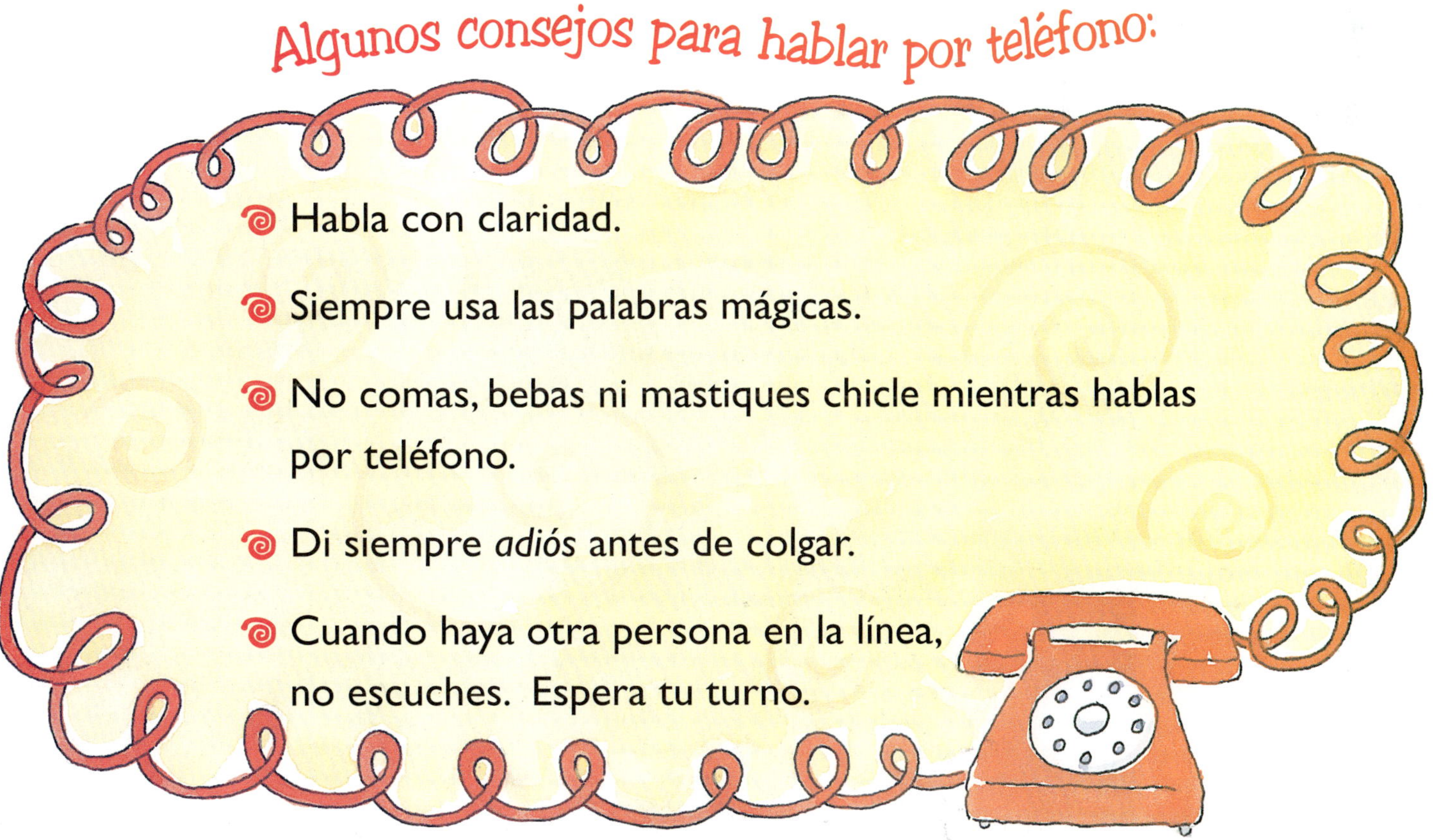

- Habla con claridad.
- Siempre usa las palabras mágicas.
- No comas, bebas ni mastiques chicle mientras hablas por teléfono.
- Di siempre *adiós* antes de colgar.
- Cuando haya otra persona en la línea, no escuches. Espera tu turno.

Desarrollar conceptos

Doña Caridad fue a la ciudad

Vocabulario

alboroto
cansancio
entregar
llevando
plumas
salió

Estándares

Lectura

- Usar patrones de ortografía

La vida en la granja

El cuento que vas a leer tiene lugar en una granja imaginaria. En las granjas de la vida real, hay que trabajar sin parar para poder **entregar** las cosechas a los mercados y a las tiendas.

Esta vaca **salió** por la mañana a pastar por el campo. Por la noche, volverá al establo.

A veces uno puede ver a los granjeros **llevando** guantes o botas para no ensuciarse mientras trabajan en la granja.

Las **plumas** vuelan por el gallinero a la hora de comer. ¡Qué **alboroto**!

Después de una larga jornada, los granjeros empiezan a notar el **cansancio**. Ellos saben que es muy importante descansar porque al amanecer les espera otro duro día de trabajo.

Conozcamos al autor e ilustrador

Wong Herbert Yee

"Mi consejo para aquellas personas que están empezando es que ser artista no es algo a lo que te dedicas. El arte es lo que eres. ¡No te desanimes! Consigue la forma de lograrlo".

Archivo de datos

- Wong Herbert Yee nació en Detroit, Michigan.
- Ahora vive en Troy, Michigan.
- Su cumpleaños es el 19 de agosto.
- Su esposa se llama Judy y tiene una hija, Ellen.
- Sus pasatiempos favoritos son correr y montar en bicicleta.
- El Sr. Yee recuerda que quería ser artista desde el primer grado. "Aún puedo ver a mi maestro colgando en el tablón de anuncios el dibujo que hice de un caballo con su morral. Es algo que recuerdo con orgullo".

Otros libros por Wong Herbert Yee:

¡Uy! Hay un ratón en la casa; Fireman Small to the Rescue; A Drop of Rain

Para saber más acerca de Wong Herbert Yee, visita Education Place.

www.eduplace.com/kids

Selección 3

Doña Caridad fue a la ciudad

por Wong Herbert Yee

Estrategia clave

Usa la imaginación y todo lo que sepas sobre los animales para **predecir** qué pasará en la granja cuando doña Caridad va a la ciudad.

En un granero, lejos de la ciudad,
vive muy contenta doña Caridad,
con siete animales muy simpáticos,
un buey, una vaca, dos cerditos y tres patos.
La vida en la granja antes era muy diferente,
pero el sábado pasado todo cambió de repente.

Un buen día doña Caridad a la ciudad se fue.
Por el camino un perrito le mordió el pie.

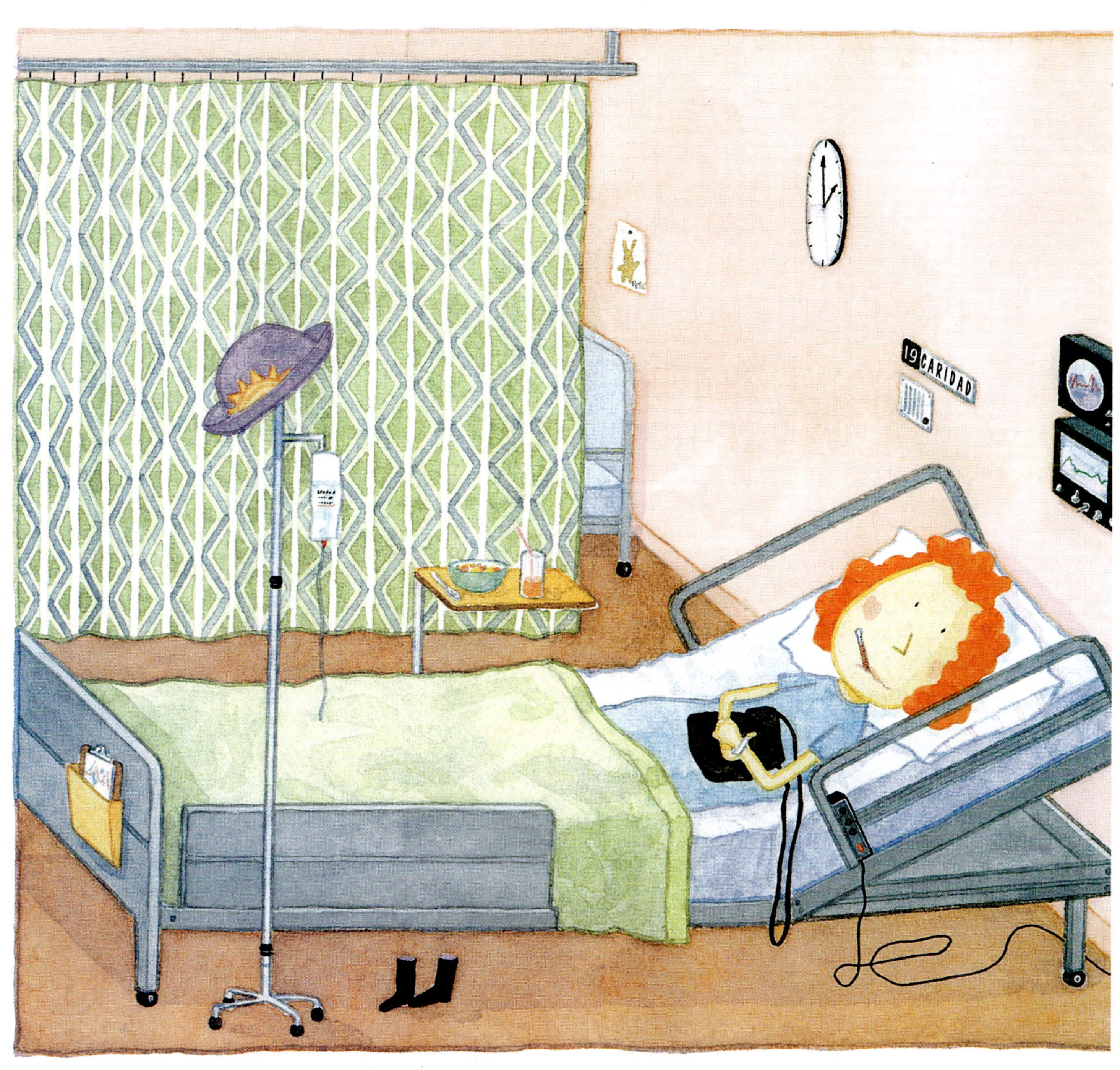

A una cama de hospital fue doña Caridad a parar,
y por muchos exámenes tuvo que pasar.

Entonces doña Caridad escribió una nota a mano
para decir que volvería cuando el pie estuviera sano.
El cartero logró entregar la carta sin retraso
al buey, la vaca, los dos cerditos y los tres patos.

Cuando llegó la carta, cada animal,
(menos un ratoncito)
votó por mudarse a la casa principal.

Allí tocaron el timbre
para oír el sonido.

Descargaron el baño
e hicieron mucho ruido.

Volando, brincando y haciendo sonidos
subieron y bajaron llevando vestidos.

Se turnaron para ver quién brincaba mejor,

y pintaron la casa de un nuevo color.

Corretearon por
la cocina
y disfrutaron
un buen rato.
¿Quiénes?
El buey, la vaca,
los dos cerditos
y los tres patos.

AUNT EGGY
SOUP
GRITS

En el baño jugaron durante horas enteras,
pintándose la cara, gozando en la bañera.

Se secaron luego frente al fuego ardiente,
pero notaron el cansancio inmediatamente.

Con velas en la mano, subieron con cuidado
para pasar la noche con pijamas prestados.

A las ocho en punto, doña Caridad salió del hospital.
Un taxista muy amable la dejó en su portal.

Con un yeso en el pie llegó a la cama la señora,
y se acostó pensando que estaba completamente sola.

Pero de pronto el piso comenzó a temblar.
Las paredes y las ventanas se empezaron a quebrar.
Y tanto alboroto por fin a doña Caridad despertó
en el preciso momento en que el piso se rompió.

Los carros de policía llegaron primero.
Y poco después, llegaron los bomberos.

De la ciudad llegó una ambulancia sin demora.
Y otra vez se llevaron a la pobre señora.

Doña Caridad volvió a parar a una cama de hospital.
Y a su lado, acostado, estaba cada animal.

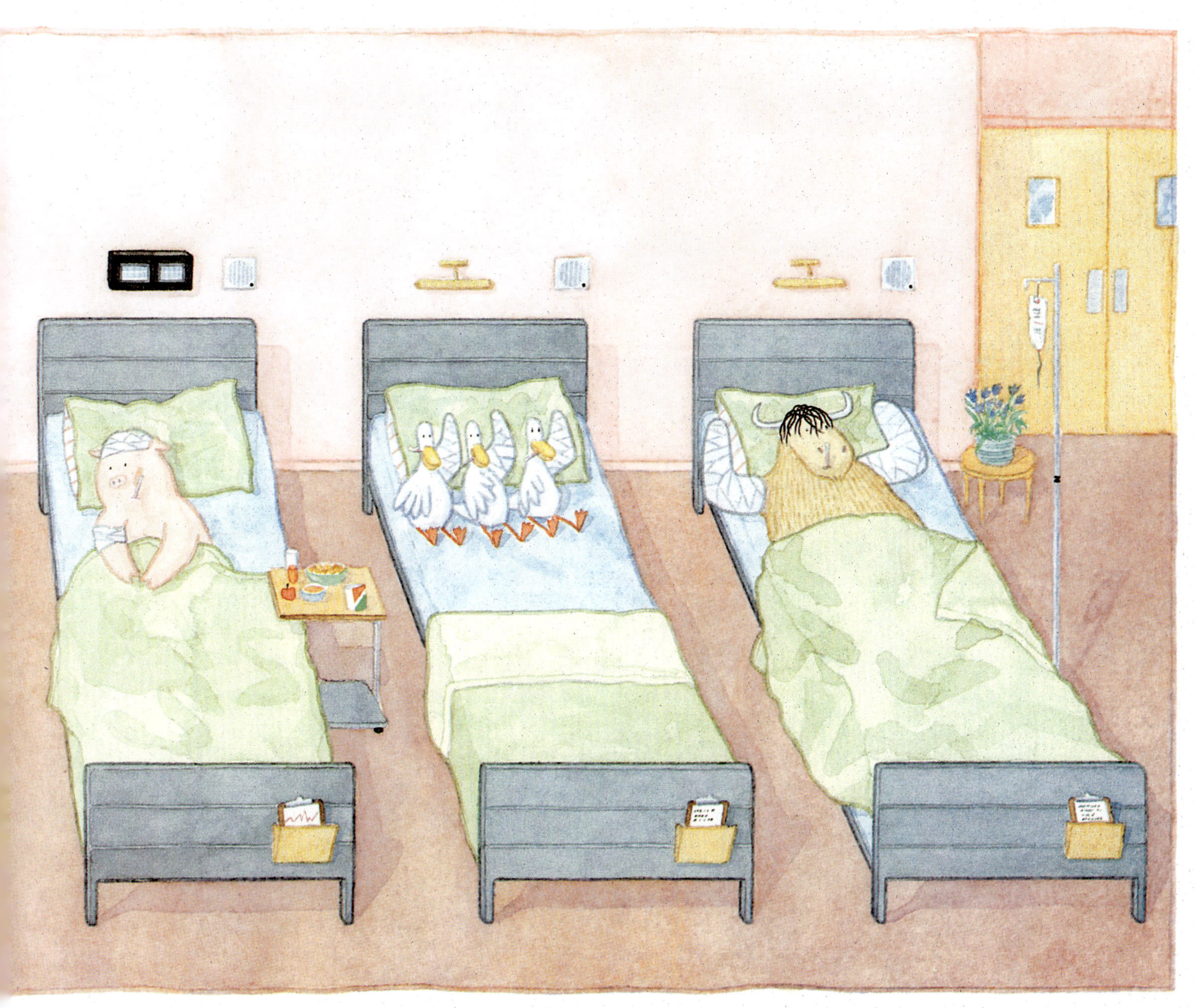

Del hospital, doña Caridad salió de alta a las diez.
Los doctores la despidieron amablemente otra vez.

En un taxi se fueron todos, y hasta el buey se acomodó.
El conductor muy amable en la puerta los dejó.
Pero muchas plumas y pelos tuvo que limpiar,
y por la molestia tuvo la señora que pagar.

La vida en la granja cambió totalmente
aquel día que doña Caridad sufrió el accidente.
Y ahora vive en el granero sin perros y sin gatos,
con un buey, una vaca, dos cerditos y tres patos.

Piensa en la selección

1. ¿Por qué crees que los animales querían mudarse a la casa de doña Caridad?
2. ¿Por qué no quería mudarse el ratón a la casa con los otros animales?
3. ¿Qué hace Wong Herbert Yee para crear un cuento divertido? Da ejemplos de palabras e ilustraciones chistosas.
4. ¿Cómo crees que es la vida de doña Caridad ahora que vive en el granero?
5. **Conectar/Comparar** ¿Qué crees que pasaría si los animales de doña Caridad se fueran a vivir con Maya y Julio?

Crear

Escribe una tarjeta de buenos deseos

Escribe e ilustra una tarjeta de buenos deseos para animar a doña Caridad mientras está en el hospital.

Consejos

- Intenta escribir un poema que rime. ¡Diviértete!
- No te olvides de firmar la tarjeta.

Matemáticas

Escribe un enunciado numérico

Ocho animales votaron para ver cuántos querían mudarse a la casa de doña Caridad. Un animal votó que no. ¿Cuántos animales votaron que sí? Escribe un enunciado numérico para resolver el problema.

Ciencias

Compara animales

Copia la siguiente tabla en una hoja de papel. ¿Qué partes del cuerpo tiene cada animal? Marca las casillas apropiadas.

	Alas	Cuernos	Plumas	Cola
Vaca				
Buey				
Pato				
Cerdo				

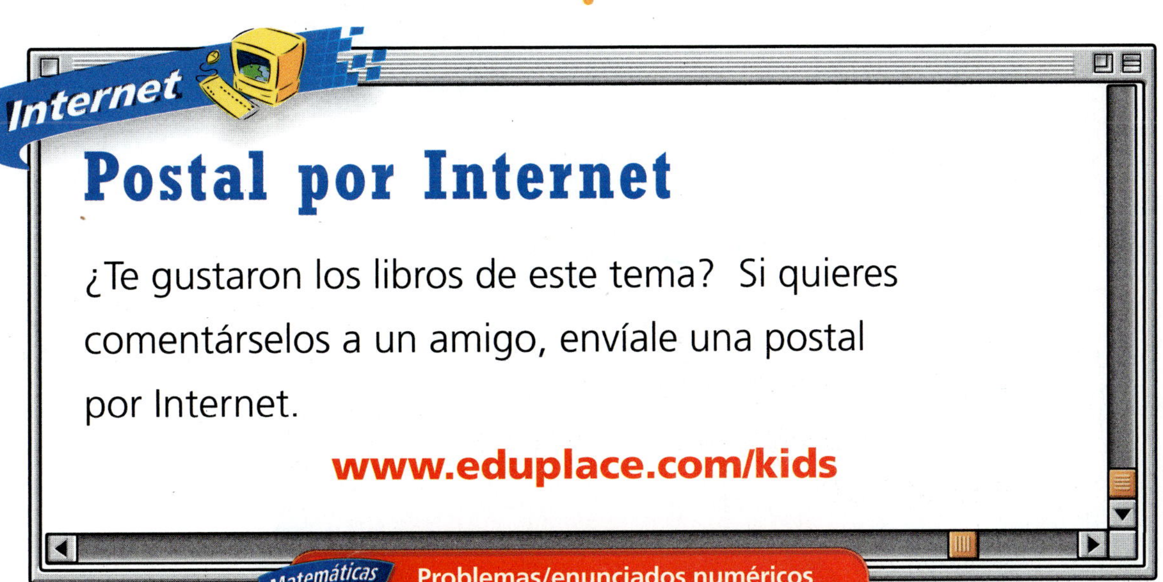

Postal por Internet

¿Te gustaron los libros de este tema? Si quieres comentárselos a un amigo, envíale una postal por Internet.

www.eduplace.com/kids

Conexión con el lenguaje

Destreza: Cómo leer una adivinanza

1. Primero, lee la pregunta de la adivinanza.
2. Trata de adivinar la respuesta.
3. Luego, lee la respuesta para ver si acertaste.

Estándares

Lectura

- **Usar estrategias de lectura**

Adivínalo

1

¿Dónde preparan la comida los cerditos?

En la cochina.

3

¿Qué le dijo la oveja a la otra oveja?

Nos bee-mos.

4

¿Dónde se bañan los patos?

En en lavapatos.

5

¿Adónde van las vacas cuando quieren ver películas?

Al cinemú.

6

¿Por qué tiene la vaca una radio?

Para escuchar la múúúsica.

Escoger la mejor respuesta

Algunas pruebas tienen preguntas con tres o cuatro posibles respuestas. ¿Cómo escoger la mejor respuesta? Observa este ejemplo de pregunta para *Julio*. Se muestra cuál es la respuesta correcta. Usa los consejos como ayuda para responder a esta pregunta.

Consejos

- Lee atentamente las instrucciones.
- Lee la pregunta y todas las respuestas posibles.
- Consulta el cuento si es necesario.
- Rellena por completo el círculo de la respuesta correcta.

Lee la pregunta. Rellena el círculo que aparece al lado de la respuesta correcta.

1 ¿Cuál de las siguientes situaciones podría suceder en la vida real?

○ Un cerdo puede escuchar discos y bailar.

● Un cerdo puede hacer ruido.

○ Un cerdo puede columpiarse.

Ahora lee cómo una estudiante escogió la mejor respuesta.

Busco la respuesta que describa lo que podría pasar en la **vida real.** Todas las respuestas posibles dicen algo que pasó en el cuento.

Leo otra vez las respuestas posibles. La primera respuesta y la tercera no podrían pasar en la vida real. Ahora veo por qué la segunda respuesta es la mejor opción.

Tema 2

Vamos afuera

El campo

Dulce fragancia
de mañanita
el campo entero
se despertó.

del poema por
Alicia María Uzcanga Lavalle

Vamos afuera

Contenido

Biblioteca fonética

- El jardín de doña Cochi
- Felipe y Beto al aire libre
- ¡Qué fecha!
- Cuco Cucoruco
- En el bosque
- La culebra y su nueva piel

Superlibro

Hora de dormir
por Denise Fleming

Libros del tema

La noche de las estrellas
por Douglas Gutiérrez

Turquesita
por Silvia Dubovoy

¡Adelante! Libros de práctica

Una noche de invierno
por Misha Millarky

Libros relacionados

Si te gusta...

Henry y Mudge y la noche estrellada
por Cynthia Rylant

Entonces lee...

Henry y Mudge y el mejor día del año

por Cynthia Rylant
(Aladdin)

A Henry le encanta estar con Mudge, su perro y su amigo.

La escapada de Marvin el mono

por Caralyn Buehner y Mark Buehner
(Dial)

Cuento de un mono que se escapa del zoológico y va a la ciudad.

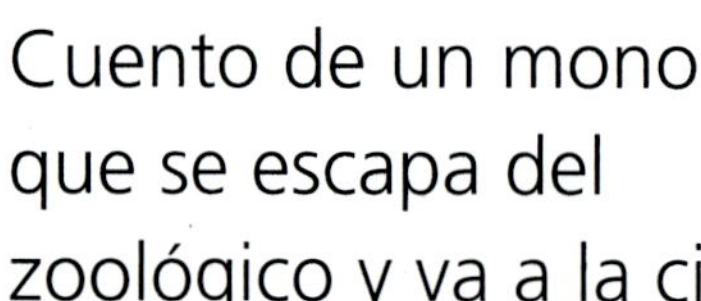

Si te gusta...

Explorar parques con el guardabosques Dockett
por Alice K. Flanagan

Entonces lee...

Viajo en barco

por Montserrat Viza
(Parramón)

Se explican y se ilustran formas distintas de viajar por el mar.

Dime por qué es mojada la lluvia

por Shirley Willis (Watts, Franklin)

A través de experimentos y actividades, se contestan preguntas sobre el clima.

Si te gusta . . .

Una vuelta a la laguna: ¿Quién ha estado aquí?

por Lindsay Barrett George

Entonces lee . . .

101 experimentos: La naturaleza paso a paso

por David Burnie (B)

Se explican experimentos sencillos con fotografías y texto para que los niños aprendan cosas sobre el medio ambiente.

Los insectos

por Wendy Baker y Andrew Haslam (SM)

El texto y las fotografías muestran cómo son los insectos.

Tecnología

En Education Place

Añade tus informes de estos libros o lee los informes de otros estudiantes.

Education Place®

Visita **www.eduplace.com/kids**

Prepárate para leer

Desarrollar conceptos

Henry y Mudge y la noche estrellada

Vocabulario

acampar
excursión
hoguera
linternas
mochila
tienda de campaña

Estándares

Lectura

- Descifrar palabras polisílabas

Ir de excursión y acampar

En el cuento que vas a leer, una familia va de **excursión** y a acampar. ¿Alguna vez has ido a **acampar** al bosque? ¿Te gusta subir colinas? Salir al aire libre puede ser muy divertido.

◀ En una **mochila** puedes cargar todo lo que necesites.

▶ Puedes cocinar al fuego de una **hoguera**.

▲ Una **tienda de campaña** te protege de la lluvia, el viento y los rayos del sol.

▼ Las **linternas** son lámparas que se pueden usar al aire libre.

Conozcamos a la autora
Cynthia Rylant

Dónde vive: Eugene, Oregón

De dónde sacó la idea para Henry y Mudge: Cuando su hijo tenía siete años, conocieron a un perro grande que babeaba mucho y se llamaba Mudge.

Curiosidad: Su perrita Leia aparece dibujada en el libro de Dav Pilkey, *Dogzilla*.

Conozcamos a la ilustradora
Suçie Stevenson

Dónde vive: a orillas del mar en Cape Cod, Massachusetts

Mascotas: Tiene dos perros labradores que mientras ella trabaja duermen debajo de su escritorio. Si alguna vez se le olvida lo que haría Mudge, sólo tiene que mirar debajo de la mesa.

Internet

Para saber más acerca de Cynthia Rylant y Suçie Stevenson, visita Education Place.

www.eduplace.com/kids

Selección 1

HENRY Y MUDGE y la noche estrellada

Cuento de Cynthia Rylant
Ilustraciones de Suçie Stevenson

Estrategia clave

Durante su excursión, Henry y Mudge encuentran muchas cosas que pueden hacer. Al leer el cuento, piensa en **preguntas** que podrías hacerles sobre su excursión.

Lago Gran Oso

En agosto, Henry y el perro grandote de Henry, Mudge, siempre iban de excursión. Ellos iban con los papás de Henry.

Cuando era pequeña, la mamá de Henry fue exploradora, por eso sabía todo sobre ir de excursión y acampar. Sabía armar una tienda de campaña. Sabía encender una hoguera. Sabía cocinar al aire libre.

El papá de Henry no sabía nada sobre ir de excursión. Él sólo llevaba una guitarra y una sonrisa.

A Henry y a Mudge les encantaba ir de excursión. Este año iban al lago Gran Oso. Henry ya no podía esperar más.

—Vamos a ver venados, Mudge —le dijo Henry. Mudge movió la cola.

—Vamos a ver mapaches —le dijo Henry. Mudge y Henry se dieron un apretón de manos.

—A lo mejor hasta vamos a ver un oso —dijo Henry.

Henry no estaba muy convencido que quería ver un oso. Tembló de miedo y abrazó a Mudge.

Mudge soltó un bostezo tremendo, ruidoso y muy largo. La baba le cayó en el zapato de Henry.

—Ningún oso nos va a atrapar —le dijo Henry riendo a Mudge—. ¡Somos demasiado *resbalosos!*

Una excursión olorosa

Henry, Mudge y los papás de Henry manejaron al lago Gran Oso. Al llegar, estacionaron el carro y se prepararon para ir de excursión.

Todos llevaban una mochila, hasta Mudge. (La suya tenía muchas galletas.)

—¡Adelante! —dijo la mamá de Henry. Y se fueron.

Caminaron y caminaron y subieron y subieron. El paisaje era hermoso.

Henry vio a un pez saltar fuera del agua. También vio un venado con su venadito. Vio cascadas y un arco iris.

Mudge no vio mucho. Él estaba oliendo. A Mudge le encantaba ir de excursión y oler.

Él olió un mapache que había estado allí el día anterior. Olió un venado que estuvo allí anoche. Olió la galleta de avena que Henry llevaba en el bolsillo.

—¡Mudge! —dijo Henry riendo. Y le dio la galleta.

Por fin, la mamá de Henry escogió un buen sitio para acampar.

Los papás de Henry armaron la tienda de campaña. Henry desempacó la comida, las ollas y las linternas. Mudge desempacó un sándwich de jamón.

El campamento, por fin, estaba casi listo. Sólo faltaba una cosa:

—¿Quién se sabe la letra de la canción "Quiéreme mucho"? —preguntó con una sonrisa el papá de Henry, mientras sacaba la guitarra. Henry miró a Mudge y dejó escapar un quejido.

Sueños verdes

Era una noche muy linda. Henry y los papás de Henry se acostaron al lado de la hoguera y se quedaron viendo el cielo.

Henry no sabía que había tantas estrellas en el cielo.

—Allí está la Osa Mayor —dijo la mamá de Henry.

—Allí está la Osa Menor —dijo Henry.

—Y allí está E.T. —dijo el papá.

Mudge no miraba las estrellas. Él estaba mordiendo un tronco. En casa no había troncos tan buenos como ése. A Mudge le encantaba ir de excursión.

El papá de Henry cantó una última canción romántica y luego entraron todos a la tienda de campaña.

Los papás de Henry se acurrucaron. Henry y Mudge se acurrucaron.

Todo estaba en silencio, tan silencioso como era posible. Todos durmieron sanos y salvos y no hubo osos ni sustos.

Sólo el olor limpio de los árboles… y los maravillosos sueños verdes.

Reacción

Piensa en la selección

1. ¿Por qué le encanta acampar a Henry? ¿Por qué le encanta acampar a Mudge?
2. ¿Qué hubiera pasado si la familia hubiera visto un oso mientras acampaban?
3. ¿Es una buena idea ir de excursión con un perro? ¿Por qué?
4. ¿Cómo hubiera sido la excursión de Henry si hubiera llovido todo el tiempo?
5. **Conectar/Comparar** Si fueras en una caminata ecológica con Henry y Mudge, ¿qué es lo que más te gustaría?

Reflexionar

Escríbelo en tu diario

Escoge un personaje del cuento: Henry, su papá, su mamá, o incluso Mudge. Escribe un párrafo en tu diario describiendo la excursión desde el punto de vista de ese personaje.

Consejos

- **Haz una lista de lo que pasó en la excursión.**
- **Di lo que pasó primero, luego y al final.**

Lectura
Relaciones de causa y efecto
El impacto de finales diferentes

Estudios sociales

Haz un mapa

Henry vio montañas y otras formaciones geológicas durante la excursión. Dibuja un mapa del lago Gran Oso. Rotula algunas de las formaciones geológicas que Henry vio.

Extra Escribe una descripción breve de cada formación geológica.

Vocabulario

Haz un catálogo para el excursionista

Escribe en un catálogo todo lo que necesitan los excursionistas. Dibuja o recorta dibujos de objetos, como una tienda de campaña o una mochila. Luego, rotula cada dibujo.

Internet

Cuadrícula misteriosa

Imprime la cuadrícula misteriosa de Education Place y encontrarás una sorpresa de la excursión.

www.eduplace.com/kids

Conexión con los estudios sociales

Destreza: Cómo leer instrucciones

1. Lee el título.
2. Lee todas las instrucciones.
3. Estudia los dibujos o diagramas.
4. Busca palabras clave como *luego, mientras* o *hasta.*
5. Vuelve a leer las instrucciones con cuidado.

Estándares

Lectura

- **Usar información de un texto expositivo**
- **Información de tablas y gráficas**

JUEGOS ALREDEDOR DE LA HOGUERA

por Jane Drake y Ann Love

Secretos por teléfono

Todos se sientan formando un círculo alrededor de la hoguera. Una persona empieza el juego susurrándole un mensaje al oído de la persona que está a su derecha. Ella le puede decir un trabalenguas o una cosa sencilla, como “Papá prepara unas hamburguesas estupendas” o “María mezcla batidos buenísimos”.

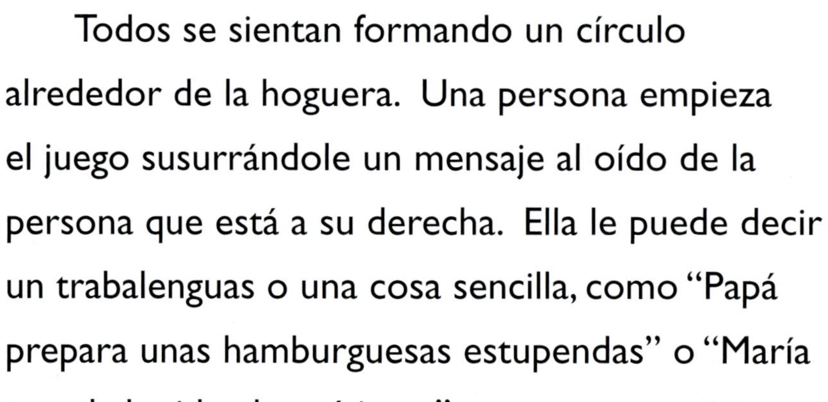

El mensaje se pasa de oído a oído hasta que la última persona lo repite en voz alta. Te va a dar mucha risa cuando oigas cosas como “Papá traga tiendas cuando vuela” o “Mami manda vestidos riquísimos”.

Vuelta 3

Golpéate las rodillas con las manos. ¡Cae un chaparrón!

Vuelta 4

Golpea el piso con los puños o con las palmas de las manos. ¡Ya está aquí la tormenta!

Vuelta 5

Golpéate despacio las rodillas con las manos.

Vuelta 6

Chasquea los dedos gentilmente.

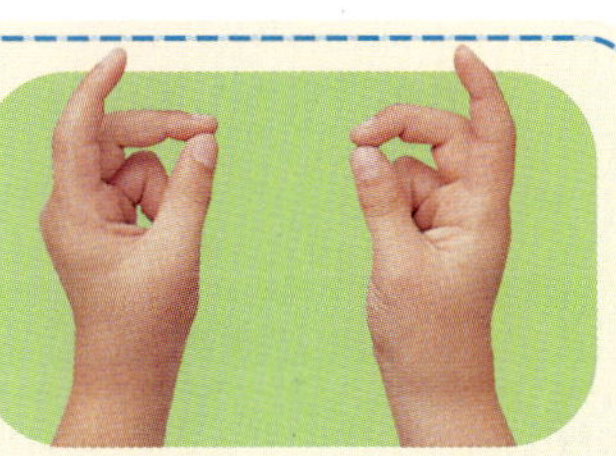

Vuelta 7

Frótate las manos suavemente.

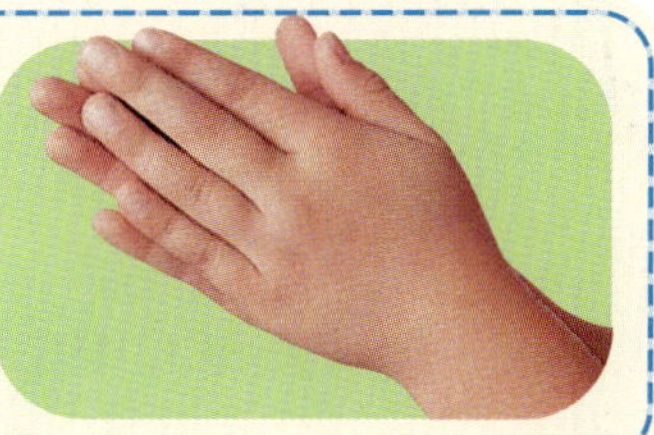

Descripción

Una descripción es un dibujo en palabras que ayuda al lector a ver, oír, saborear, sentir y oler lo que estás describiendo. Usa esta muestra de escritura como guía cuando escribas tu propio cuento.

Un buen **principio** explica de qué trata la descripción.

Una buena descripción incluye **palabras sensoriales.**

Mi nueva caña de pescar

Me compré una caña de pescar nueva que todavía no he usado. Es roja y negra con hilo blanco y asa negra. Me la compré en el centro comercial y pagué por ella $11.99. A mi papá le gustó mucho la caña de pescar que escogí. Ahora está en el carro de papá, en el baúl, y la voy a dejar allí hasta que llegue el verano. Entonces la voy a usar mucho.

El verano pasado, un día pesqué tres peces en la bahía de Chesapeake. Mi papá pescó una platija y luego pescó un pez sapo.

Escritura
Escribir narraciones breves
Escribir una descripción

Las platijas son tan planas como una piedra. El pez sapo que pescó mi papá estaba lleno de manchas amarillas. ¡Era feísimo!

Después de pescar, nos llevamos los peces a casa, los limpiamos y nos los comimos. Cuando nos los terminamos nos fuimos a la cama. ¡Qué divertido es pescar! Lo pasamos genial.

¡Qué ilusión me hace estrenar la nueva caña de pescar! Tengo muchas ganas de que llegue el verano para poder ir a pescar y pescar todo tipo de peces: bagres, lobinas, percas y platijas.

Decir lo que pasó es una buena manera de escribir una descripción interesante para el lector.

Una buena forma de terminar el cuento es darle **nombres específicos** a las cosas que has descrito.

Conozcamos al autor

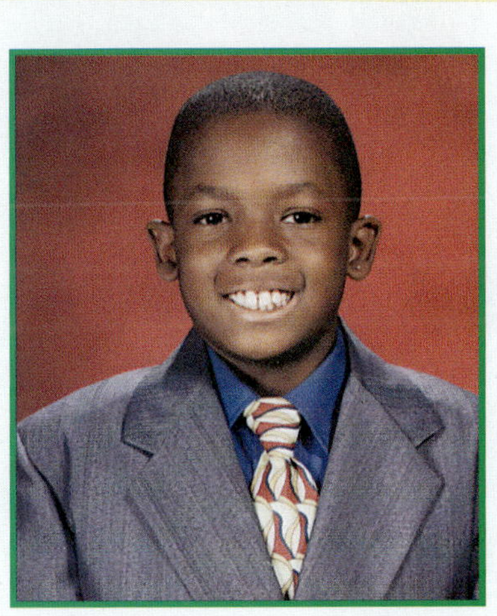

Robert C.

Grado: segundo

Estado: Delaware

Pasatiempos: leer, pescar y pertenecer a los Boy Scouts

Qué quiere ser cuando sea mayor: trabajar en el campo de los animales marinos

Prepárate para leer

Desarrollar conceptos

Explorar parques con el guardabosques Dockett
escrito por Alice K. Flanagan
fotografías de Christine Osinski

Explorar parques con el guardabosques Dockett

Vocabulario

- excursiones
- explorar
- guardabosques
- hábitat
- protegen
- urbanos
- visitantes

Estándares

Lectura

- El propósito del autor

Guardabosques

¿Qué hace un **guardabosques**? Los guardabosques cuidan y **protegen** las plantas y los animales que viven en sus parques. Ellos les enseñan a los **visitantes** acerca de la naturaleza.

Hay distintos tipos de guardabosques. Algunos de ellos son guardabosques **urbanos**. Trabajan en los parques de la ciudad. Otros trabajan en bosques y en parques nacionales.

En la siguiente selección aprenderás muchas más cosas sobre el trabajo de los guardabosques.

Los guardabosques dan la bienvenida a todas las personas.

Los guardabosques organizan **excursiones** por el parque.

Los guardabosques también ayudan a los animales en su **hábitat** natural.

Los guardabosques muestran a los visitantes los animales del parque.

Explorar la naturaleza con los niños es una de las partes más divertidas del trabajo.

Alice K. Flanagan

Conozcamos a la autora y a la fotógrafa

Alice Flanagan y Christine Osinski son hermanas. Se criaron en Chicago, Illinois. Cuando eran niñas, escribían y dibujaban juntas sus propios cuentos.

Ahora, de mayores, siguen haciendo libros en equipo. Alice Flanagan escribe el texto y Christine Osinski saca las fotos.

Otros libros:

A Busy Day at Mr. Kang's Grocery Store

Dr. Kanner, Dentist with a Smile

Here Comes Mr. Eventoff with the Mail!

Para más información acerca de Alice Flanagan y Christine Osinski, visita Education Place.

www.eduplace.com/kids

Explorar parques con el guardabosques Dockett

escrito por Alice K. Flanagan
fotografías de Christine Osinski

Estrategia clave

Al leer la selección, **evalúa** cómo te ayuda el autor a entender lo que hacen los guardabosques.

Justo en el centro de la ciudad de Nueva York hay un amplio y hermoso parque.

Éste es uno de los muchos parques en los que el guardabosques Dockett trabaja de Guardabosques Urbano.

Todos los días debe realizar muchas tareas. Acompaña a los visitantes en caminatas para observar aves. También organiza excursiones especiales por los distintos parques.

A veces habla de las estatuas que se encuentran por el camino.

¡Allí está la estatua de Cristóbal Colón y la de Alicia en el país de las maravillas con el Sombrerero loco!

Durante los largos paseos por los parques de la ciudad, el guardabosques Dockett se comunica con los otros guardabosques.

Juntos, trabajan para asegurarse de que todos los visitantes sigan las reglas para mantener los parques seguros y limpios.

El guardabosques Dockett hace todo lo posible para que todas las personas que visitan los parques puedan pasear o jugar sin correr ningún peligro.

Cada día, el guardabosques Dockett les enseña a los visitantes cómo pueden cuidar las zonas verdes en el corazón de la ciudad. Él les enseña cómo se protegen las plantas y los animales que viven allí.

Cada año él planta nuevos árboles. Explica por qué son tan importantes para poder mantener el hábitat de los parques.

A veces él da clases en la laguna. Allí habla sobre la vida de las plantas que crecen en la orilla.

Sus estudiantes buscan tortugas, ranas e insectos.

El guardabosques Dockett se pone unas botas especiales y, con mucho cuidado, se mete en la laguna con su red.

Cuando regresa con la red llena del barro que sacó del fondo de la laguna, todos tratan de encontrar algo que se mueva. ¿Qué van a encontrar, un escarabajo o una libélula?

¡Mira! Es un caracol.

De pequeño, el guardabosques Dockett fue un explorador (*Boy Scout*). Después fue a la escuela para aprender a ser guardabosques.

Y desde entonces, se dedica a explorar la naturaleza con los demás.

¡El parque es su fascinante salón de clases!

Reacción

Explorar parques con el guardabosques Dockett
escrito por Alice K. Flanagan
fotografías de Christine Osinski

Piensa en la selección

1. ¿Qué aprendiste del trabajo del guardabosques Dockett?
2. Si fueras un guardabosques, ¿qué parte del trabajo te gustaría más? ¿Por qué?
3. ¿Por qué es importante el trabajo de los guardabosques?
4. ¿En qué se parece un parque a un salón de clases?
5. **Conectar/Comparar** Si Henry y Mudge visitaran el parque donde trabaja el guardabosques Dockett, ¿cómo pasarían el día?

Informar

Escribe reglas

El guardabosques Dockett se asegura de que todos los visitantes cumplen las reglas de los parques. Escribe una lista de reglas que deben cumplir las personas que visitan el parque del guardabosques Dockett.

Consejos

- **Utiliza mandatos como *Obedezcan las normas del parque.***
- **Utiliza palabras como *siempre* o *nunca*.**

Preguntas sobre el texto expositivo
Usar correctamente el orden de las palabras

Matemáticas

Haz un horario

Escribe una lista con las actividades diarias del guardabosques Dockett. Luego, haz un horario para indicar la hora en la que debe empezar y terminar cada actividad. Escribe las horas en orden.

Extra **Usa una calculadora para sumar los minutos de cada actividad. Encuentra el número total de minutos.**

Escuchar y hablar

Da una charla

Representa una visita del guardabosques Dockett a tu salón de clases. En grupo, planeen lo que dirá. Decidan quién será el maestro, quién será el guardabosques Dockett y quiénes harán de público.

Consejos

- **Túrnense para hablar.**
- **Hablen en voz alta y clara.**

Internet

Excursión en Internet

Conéctate a Education Place y explora un parque nacional o una reserva natural.

www.eduplace.com/kids

Matemáticas
Escuchar/Hablar

Tiempo/relaciones de tiempo
Hablar con claridad/apropiadamente

Conexión con la poesía

Destreza: Cómo leer un poema

- Cuando leas un poema, trata de pensar en la imagen que el poema describe.
- A veces, aunque no siempre, los poemas tienen palabras que **riman**.
- Algunos poemas tienen un **ritmo,** o patrón de pausas y cortes.

Estándares

Lectura

- **Identificar técnicas poéticas**

Verde marzo

Verde, verde,
bajo el sol.
Verde la hoja
del caracol.

Verde la hoja,
roja la flor,
que visita zumbando
el picaflor.

Verde la hoja,
alta la flor
amarilla sonrisa
del girasol.

La mariposa
de flor en flor
verde el campo
bajo el sol.

por Alma Flor Ada

El zumbador

Zumba, zumba,
zumbador.
Zumba el aire.
Zumba el sol.

Baila tu paso
de pico
sobre la miel
de la flor.
Zumba, zumba,
zumbador.

por Nimia Vicéns

Prepárate para leer

Desarrollar conceptos

Una vuelta a la laguna: ¿Quién ha estado aquí?

Vocabulario

cráter
musgo
orilla
poco profundo
sendero

Estándares

Lectura

- Reestablecer hechos y detalles

Lagunas

Una laguna es una masa de agua, más pequeña que la de un lago. En el siguiente cuento, dos niños encuentran animales y plantas interesantes en y alrededor de la laguna.

Cerca de las lagunas puede haber algún **sendero** formado por los pasos de animales y personas.

Algunos peces hacen un pequeño **cráter** en el fondo de la laguna para poner sus huevos.

El agua cerca de la **orilla** no suele ser muy profunda.

A la orilla del agua crecen el **musgo** y otras plantas verdes.

A veces, cuando una laguna o un río es **poco profundo**, pueden verse peces pequeños y otros seres vivos.

Conozcamos a la autora e ilustradora

Lindsay Barrett George

Cumpleaños: 22 de julio

Dónde nació:
República Dominicana

Dónde vive ahora:
Vive en una cabaña en Pensilvania con su esposo y sus hijos, William y Campbell.

Por qué escribió este libro:
Ella vivió cuatro años con su familia en su casa del bosque y pensó que a los niños les gustaría leer sobre los animales que eran sus vecinos.

Otros libros

In the Snow: Who's Been Here?
Around the World: Who's Been Here?

Para saber más acerca de Lindsay Barrett George, visita Education Place.

www.eduplace.com/kids

Una vuelta a la laguna: ¿Quién ha estado aquí?

por Lindsay Barrett George

Estrategia clave

Mientras lees sobre el paseo de Camila y Guillermo alrededor de la laguna, **revisa** tu lectura. Si hay algo que no entiendes, vuelve a leer para **aclarar** lo que pasó.

Es una tarde de verano cálida y húmeda.

—Camila —dice Guillermo—, mamá dice que si recogemos suficientes arándanos, podremos hacer una tarta para la cena.

—¡Vamos! —dice Camila.

Camila y su hermano se llevan una bolsita cada uno para poner los arándanos y se ponen en marcha. Ellos siguen el viejo sendero de los venados que rodea la laguna.

En la orilla del agua hay un arce muerto y solitario.

En la corteza del árbol hay un agujero rodeado de plumas blancas.

¿Quién ha estado aquí?

Dos crías de patos arco iris

Sam encuentra una ramita y quiere que alguien se la tire.

—Ahora no, Sam —le dice Guillermo—. Nosotros tenemos que recoger arándanos.

Y el perro se tumba en el esponjoso musgo esfagnáceo.

—Guillermo, mira esta huella —dice Camila.

¿Quién ha estado aquí?

Una cría de mapache

En el camino hay un árbol caído con la punta hundida en el agua.

Guillermo está jugando con los pies en el agua. Él ve un cráter poco profundo en el fondo arenoso.

¿Quién ha estado aquí?

Un pez luna

Camila y Guillermo llegan a un lugar donde crecían azaleas de pantano. Allí vieron una pila de ramas y barro.

¿Quién ha estado aquí?

Un castor

Hay unos pedazos de cascarón en la orilla soleada de la laguna. Los niños se acercan para verlos mejor.

Guillermo toma un pedacito de cascarón. ¡Qué fino y suave es!

¿Quién ha estado aquí?

Una tortuga pintada de agua dulce

Camila y su hermano se paran frente a un gran arbusto de arándanos. Ellos los toman y se los comen. A Sam también le gustan los arándanos.

Camila señala hacia una figura larga y fina que se enrosca en las ramas.

¿Quién ha estado aquí?

Una serpiente jarretera

Sam se mete en la laguna y toma agua.

Un mirlo de alas rojas chirría desde una rama cercana. Una pluma gris muy grande está flotando al lado de una hoja de nenúfar.

¿Quién ha estado aquí?

Un garzón

El agua de la laguna está en calma. El cielo del atardecer se vuelve rosado.

—Entremos al agua —dice Camila—. El barro está blando.

—Mira cuántas conchas de almejas —dice Guillermo.

¿Quién ha estado aquí?

Una nutria

Camila y Guillermo llegan al embarcadero. Ya se han comido casi todos sus arándanos.

Pero, ¡mira! Dos cubos llenos de arándanos los están esperando.

¿Quién ha estado aquí? ¡Ellos ya lo saben!

—Vengan, tirénse al
agua —les dice su papá.
¡Y al agua se tiran!

Reacción

Una vuelta a la laguna: ¿Quién ha estado aquí?
por Lindsay Barrett George

Piensa en la selección

1. Piensa en los animales de este cuento. ¿En qué se parecen? ¿En qué se diferencian?

2. Camila y Guillermo son buenos detectives de la naturaleza. ¿Qué cualidades crees que debe tener un buen detective ecológico?

3. ¿Cómo cambiaría este cuento si la historia pasara en invierno?

4. Si Camila y Guillermo visitaran el parque del guardabosques Dockett, ¿qué pistas encontrarían allí?

5. **Conectar/Comparar** Compara a Sam, el perro de este cuento, con Mudge. ¿En qué se parecen?

Describe a un animal

Escoge el dibujo de un animal del cuento. Escribe una descripción de ese animal.

Consejos

- **Escribe detalles del animal.**
- **Usa adjetivos para describir cómo es, a qué huele y qué se siente al tocarlo.**

Lectura Comparar elementos del cuento
El impacto de finales diferentes

Ciencias

Identifica los seres vivos

Haz una tabla de tres columnas. Rotula **SV** (seres vivos) la primera columna, **NV** (no vivos) la segunda y **VA** (vivos antes) la tercera. Luego, repasa el cuento y clasifica en grupos todo lo que ves.

Observar

Busca pistas en el salón

Haz de detective en el salón de clases o en la escuela. Busca pistas, por ejemplo, un sándwich a medio comer o un creyón roto. Pregúntate: ¿quién ha estado aquí?

Consejos

- Escoge el área de la escuela o del salón que vas a explorar.
- Toma notas de lo que ves.

Internet

Crucigrama en Internet

Pregúntate qué sabes acerca de las plantas y los animales que aparecen en *Una vuelta a la laguna: ¿Quién ha estado aquí?* Imprime un crucigrama de Education Place.

www.eduplace.com/kids

Lectura — Información de tablas y gráficas
Ciencias — Comparar/clasificar objetos comunes

Conexión con las ciencias

Destreza: Cómo leer un artículo científico

1. **Lee** el título, los encabezados y las leyendas.
2. **Observa** los dibujos o las fotos.
3. **Predice** lo que vas a aprender.
4. Lee atentamente el artículo completo.

Estándares

Lectura
- **Usar información de un texto expositivo**

Ciencias
- **Usar lupas o microscopios**

Cómo ser un espía de la naturaleza

De la revista *Ranger Rick*

por Carolyn Duckworth

Observar la naturaleza es como un deporte: cuanto más aprendes y practicas, mejor eres y más te diviertes.

Mira aquí, mira allí

Una de las cosas más chéveres de espiar la naturaleza es que puedes hacerlo casi en todas partes. Hasta cuando vas en carro puedes sacar la cabeza por la ventana y tratar de ver algún halcón planeando por el cielo o venados corriendo cerca de la carretera.

Pruébalo a distintas horas

Los venados, las aves y otros animales son más activos en las horas de la salida y la puesta del sol. Pero muchas criaturas van y vienen durante el día. Por la noche, puedes *buscar* murciélagos y palomillas, y tratar de *escuchar* todo tipo de sonidos de animales.

Lo pequeño también existe

Puedes buscar insectos en cualquier parte. Examina de cerca las plantas, mira debajo de la corteza de los árboles muertos y también en riachuelos y lagunas. Y… ¡cuidado con los que muerden y los que pican!

ardilla
salamandra
halcón

Usa los cinco sentidos

Mira a tu alrededor, pero no te olvides de oler y escuchar también. Un olor a almizcle, por ejemplo, puede indicar el rastro de un zorro. Unos graznidos que se oyen en lo alto pueden provenir de una bandada de gansos canadienses.

Observa las huellas de los animales

A veces puedes saber dónde ha estado un animal o lo que ha estado haciendo si examinas las señas que ha dejado. Sigue la orilla de un arroyo y seguro que encuentras huellas de aves, castores y otros animales. Busca lugares en los que la hierba esté aplastada. Tal vez un venado descansó allí.

huella de venado

Díselo a alguien

Siempre debes decirle a un adulto adónde vas y cuándo volverás. O puedes ir con un adulto, a ellos también les gusta divertirse.

Qué hay que llevar

Un par de "ojos" poderosos. Es bueno llevar una lupa y unos binoculares.

Cómo comportarse

Hay buenas maneras y no tan buenas maneras de observar la naturaleza. No olvides que estás de invitado en el hogar de los animales.

- Deja en casa el radio y las mascotas.
- No persigas a los animales ni tampoco los espantes. Y procura no acercarte demasiado ni molestarlos.

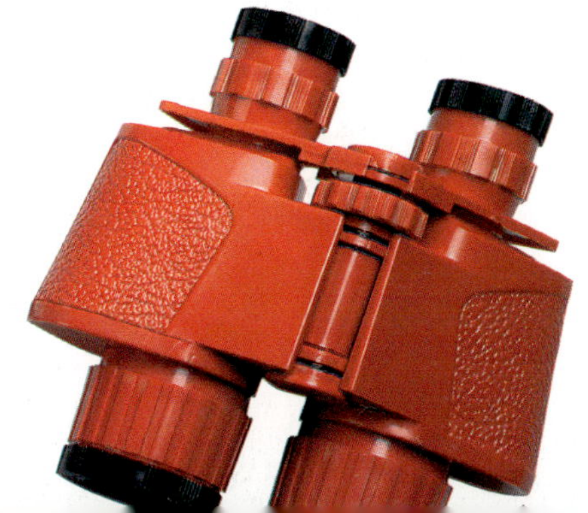

Llenar el espacio en blanco

En algunas pruebas se presentan oraciones con un espacio en blanco y tú debes decidir qué respuesta completa mejor cada oración. ¿Cómo escoges la mejor respuesta? Fíjate bien en el siguiente ejemplo para el cuento *Una vuelta a la laguna: ¿Quién ha estado aquí?* Se muestra la respuesta correcta. Sigue los consejos como ayuda para completar este tipo de pruebas.

Lee la oración. Llena el círculo que está al lado de la mejor respuesta.

1 Camila y Guillermo vieron señas de animales como ________.

○ una cubeta de arándanos

○ el fondo arenoso de la laguna

● pedacitos de cascarón

○ un agujero en un árbol

Consejos

- Lee atentamente las instrucciones.
- Lee la oración probando todas las respuestas posibles para completarla.
- Repasa la selección si necesitas hacerlo.
- Llena por completo el círculo de la respuesta.

Ahora fíjate en cómo un estudiante identifica la mejor respuesta.

¿Cómo escojo la mejor respuesta para completar la oración? Estoy buscando la opción de respuesta que da un ejemplo de señas de animales.

Recuerdo del cuento que una seña de animal es una pista que ha dejado un animal. Las dos primeras respuestas posibles no dan señas de animales.

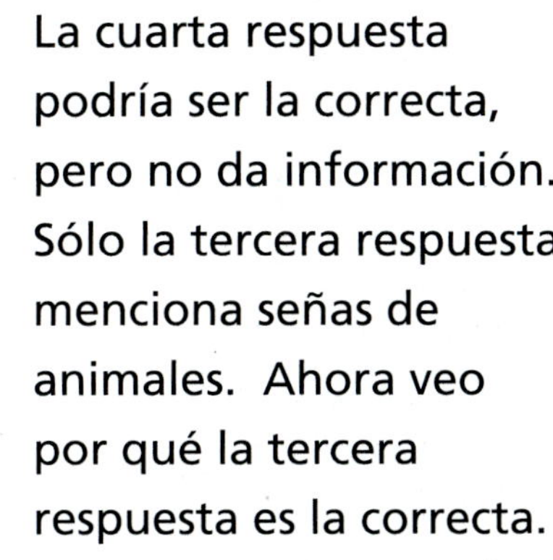

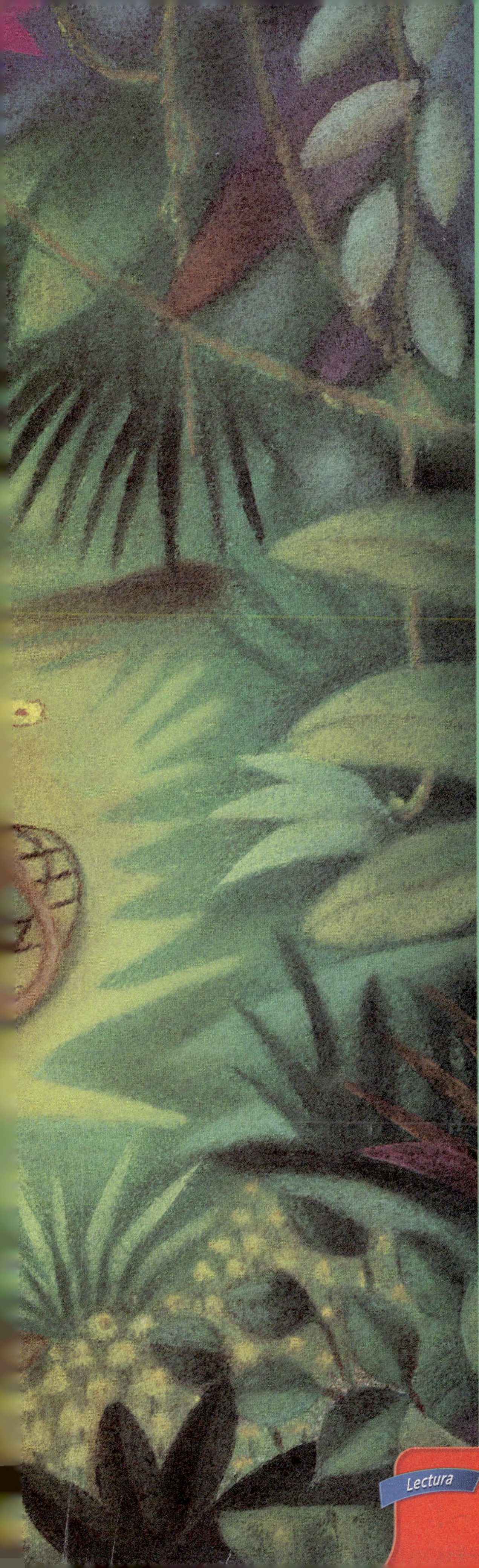

De cerca

Fábulas

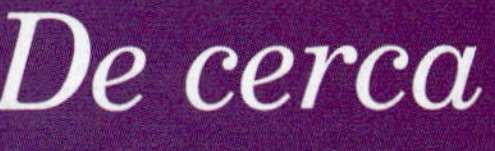

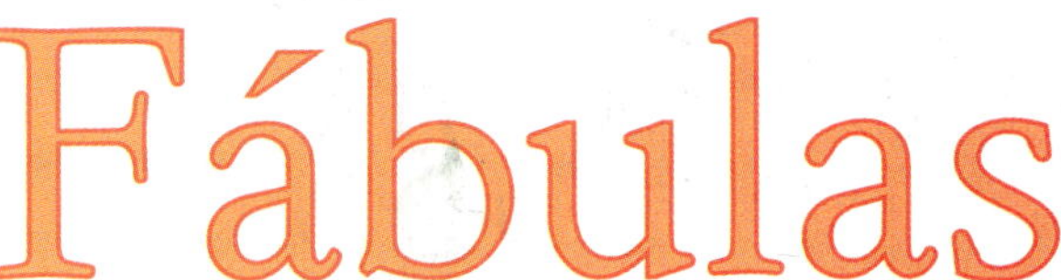

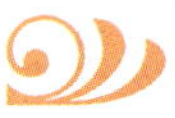

¿Qué puedes aprender de un cuento? Muchísimo, especialmente si es una fábula.

¿Qué es una fábula?

- Una fábula es un cuento corto que enseña una lección.
- En las fábulas, los personajes son casi siempre animales que se comportan y hablan como las personas.
- Las fábulas generalmente terminan con una *moraleja*, o una oración que resume la lección del cuento.

Contenido

La tortuga y la liebre

La liebre se burló de la tortuga por ser tan lenta.

—¡Llego a todas partes igual que TÚ! —dijo la tortuga.

—Pero yo llego MÁS RÁPIDO —dijo la liebre.

El zorro sugirió que hicieran una carrera para resolver la discusión.

La liebre se rió tanto que la tortuga se enojó.

—Te reto a una carrera y ¡GANARÉ YO! —dijo la tortuga.

Tan pronto empezó la carrera, la veloz liebre ya no se veía.

La liebre estaba tan segura de sí misma que se sentó en el camino a tomar una corta siesta. La tortuga seguía avanzando con su caminar lento y pesado.

La liebre se despertó justo a tiempo para ver a la tortuga cruzar la línea de meta y ganar la carrera.

Las carreras se ganan con tesón.

El cuervo y la jarra

Un cuervo sediento encontró una jarra con un poco de agua en el fondo. Pero no podía beberla porque el pico no le llegaba al fondo.

Reunió muchas piedrecitas. Luego, las tiró una por una dentro de la jarra. Cada piedrecita hizo subir el nivel del agua un poquito más.

Y por fin, el cuervo pudo beber el agua de la jarra.

Paso a paso se termina el trabajo.

El saltamontes y las hormigas

El saltamontes se pasó el verano cantando acostado bajo el sol, mientras las hormigas trabajadoras reunían comida para el invierno.

El invierno llegó y el saltamontes hambriento pidió comida a las hormigas.

Pero las hormigas no lo quisieron escuchar y le dijeron:
—Como te pasaste todo el verano cantando, ahora en invierno, tendrás que irte bailando a la cama sin comer.

El trabajo tiene su recompensa.

Bienvenid

¿Quién le pone el cascabel al gato?

Los ratones se reunieron para decidir qué podrían hacer para protegerse del gato.

Un ratón sugirió atarle un cascabel en el cuello para así saber cuándo se acercaba.

—Ponerle un cascabel es una buena idea —dijo un ratón anciano—, pero… ¿quién se lo va a poner?

Del dicho al hecho hay mucho trecho.

MININO

La mosca en la carreta

Una carreta avanzaba por el camino de tierra con gran estruendo, levantando nubes de polvo.

Una mosca que iba sentada en la parte de atrás de la carreta dijo: —¡Caramba! ¡Pues sí que estamos levantando polvo!

A veces queremos más mérito del que nos merecemos.

Escribe una fábula

Piensa en una moraleja que se pueda usar en la escuela o en la vida diaria. La moraleja puede ser un consejo sencillo sobre trabajar duro, ser honesto o simplemente, decir la verdad.

Lee varias fábulas para ver cómo ayuda el cuento a explicar la moraleja. Luego, escribe tu propia fábula.

Consejos

- **Escribe un título que atraiga la atención del lector.**
- **Haz una lista de los animales y los objetos que van a aparecer en tu fábula.**
- **Piensa en una moraleja para tu fábula, o escoge una de las que se dan de ejemplo.**

Moralejas

Perro ladrador, poco mordedor.

En boca del mentiroso, lo cierto se hace dudoso.

Es más fácil despreciar lo que no se puede tener.

Otras colecciones de fábulas

Frederick

por Leo Lionni (Lumen)
Fábula de la cigarra y la hormiga.

El león y el ratón

por Giovanna Mantegazza (Edaf)
Fábula sencilla en verso sobre un león y un ratón.

Siete ratones ciegos

por Ed Young (Scholastic)
En una fábula de la India, siete ratones visitan a un elefante.

Por qué zumban los mosquitos en los oídos de la gente: Un cuento de África Occidental

por Verna Aardema (Dial)
Cuento tradicional de África Occidental que explica por qué zumban los mosquitos.

Tema 3

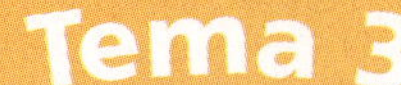

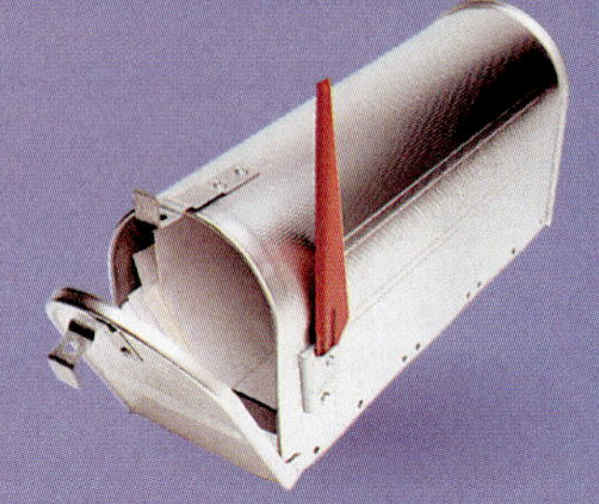

Vivimos aquí

Mi barrio

Mi barrio corre,
mi barrio salta.
En mi barrio alegre,
nada me falta.

Mi barrio baila,
mi barrio canta.
Mi bello barrio,
¡cómo me encanta!

por Rocío Pereira

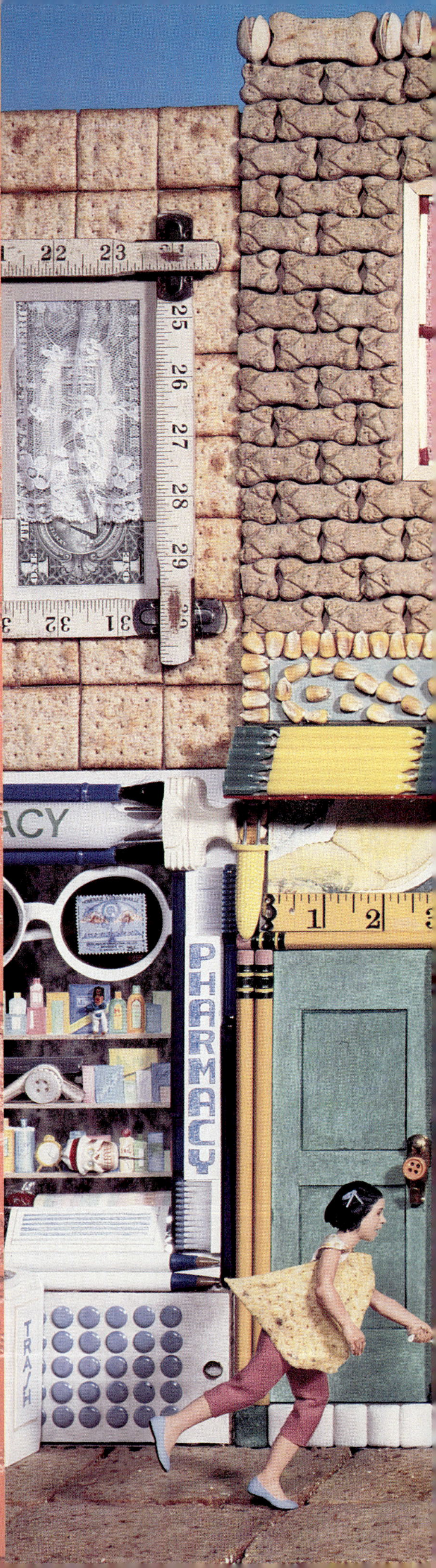

JUANITA'S
BODEGA

Tema 3

Vivimos aquí

Contenido

Biblioteca fonética

- Antes de cada función
- Cada mayo en Calle Bella
- Regino Jiménez, el cartero
- Salvemos a Gugu
- Mamá Celia y sus ratoncitos
- Barrio Jitomate
- ¡Qué reguero!
- El almuerzo de Papá

Superlibro

La perrita del taxi
por Debra y Sal Barracca

Libros del tema

Camilón, comilón
por Ana María Machado

Yaci y su muñeca *adaptación de C. Zendrera*

¡Adelante! Libros de práctica

Agárrala, Rigo *por Becky Cheston*

Libros relacionados

Si te gusta . . .

El Barrio Chino
por William Low

Entonces lee . . .

¡Sorpresa! ¡Sorpresa!

por Colin Maclean (Fher Publicaciones)

Martha encuentra un paquete de cumpleaños delante de su casa y busca al niño cuyo nombre está escrito en el paquete.

¿Qué pasa ahí arriba?

por Elisabeth Stiemart (Kókinos)

¿Qué pasa cuando una vecina se queja del ruido que hacen los niños que viven arriba?

Si te gusta . . .

Visita a la estación de bomberos
por Wendy C. Lewison

Entonces lee . . .

Bomberos y bomberas

por Dee Ready

(Bridgestone Books/Capstone Press)

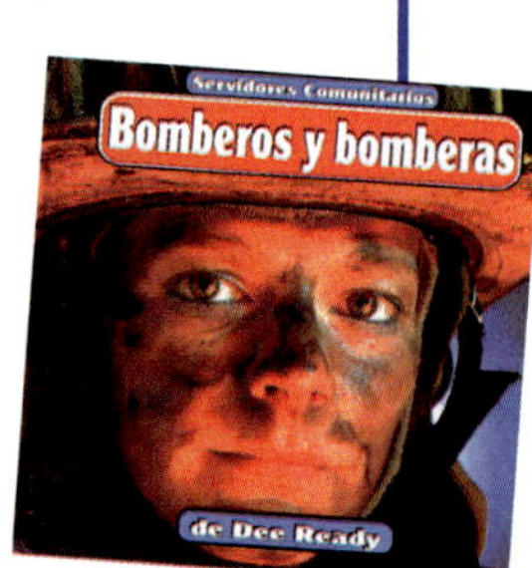

Se explora un día en la vida de unos bomberos y bomberas, y la importancia de su trabajo.

Clifford, el perro bombero

por Norman Bridwell (Scholastic)

Clifford visita a su hermano en la estación de bomberos. Allí aprende algunas medidas de seguridad y ayuda a apagar un incendio.

Si te gusta...

El gran bigote

por Gary Soto

Entonces lee...

El viejo y su puerta

por Gary Soto (Paper Star)

Un viejo lleva una puerta en lugar de un cerdo a la barbacoa de sus vecinos.

¿Quién se ha perdido?

por Colin Maclean (Fher Publicaciones)

Clara y Luis buscan a Tin, un gato que se escapa.

Si te gusta...

Jamaica Louise James

por Amy Hest

Entonces lee...

Mira

por Michael Grejniec

(Norte-Sur/North-South)

Un niño pasa el tiempo mirando por la ventana.

El pintorcito de Sabana Grande

por Patricia Maloney Markun (Harcourt Brace)

Un niño pinta en las paredes de su casa.

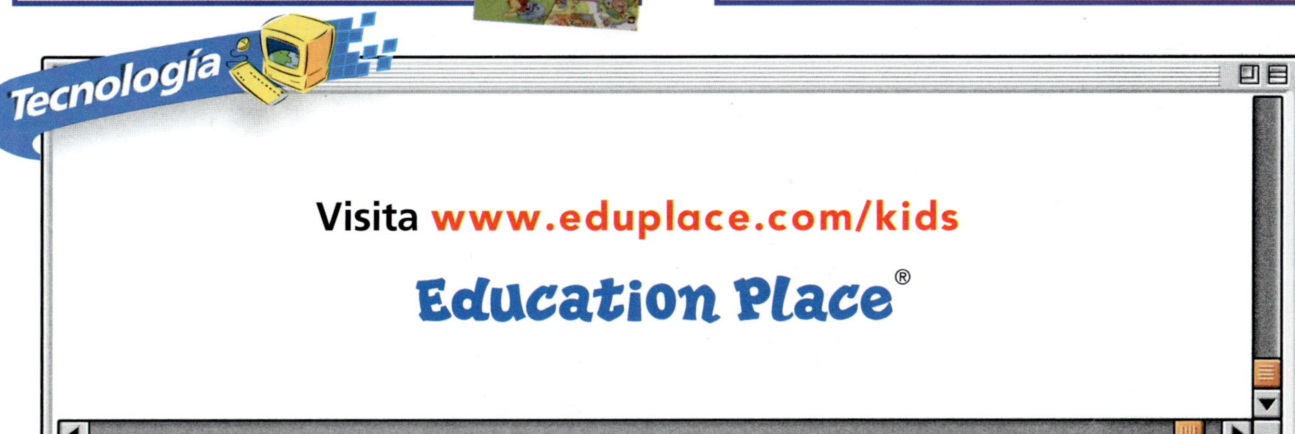

Visita **www.eduplace.com/kids**

Education Place®

Prepárate para leer

Desarrollar conceptos

El Barrio Chino

Vocabulario

apartamentos
carretillas
mercados
reparto
restaurantes

Estándares

Lectura

- Reestablecer hechos y detalles

¿Qué es un Barrio Chino?

Barrio Chino es el nombre que se usa para describir un barrio que se encuentra en algunas grandes ciudades, como Nueva York. La mayoría de las personas que viven y trabajan en el Barrio Chino son estadounidenses de origen chino. En el cuento que vas a leer ahora, descubrirás muchas cosas más sobre el Barrio Chino.

En los Barrios Chinos siempre hay mucha gente. Están llenos de edificios de **apartamentos**, tiendas, **restaurantes** y **mercados** al aire libre.

Los compradores comparten las calles con las camionetas de **reparto**, los repartidores y sus **carretillas**, y hasta con las bicicletas.

Selección 1

El Barrio Chino

por William Low

Estrategia clave

Todas las mañanas, un niño y su abuela salen a dar un paseo por el Barrio Chino. Al leer, haz pausas y **resume** las partes más importantes de la selección.

Lectura Reestablecer hechos y detalles

Yo vivo en el Barrio Chino con mi mamá, mi papá y mi abuela. Vivimos en un edificio de apartamentos que está encima de la tienda de comestibles chinos.

Todas las mañanas, mi abuela y yo salimos a dar un paseo por el barrio. Antes de cruzar la calle, siempre le doy la mano a la abuela.

—Cuidado con los carros, abuela —le digo.

Casi todos los días, cuando llegamos al parque, la clase de tai chi ya ha comenzado. Los alumnos, jóvenes y no tan jóvenes, se mueven bajo la luz del sol con la gracia de los bailarines.

Siempre nos paramos a saludar al señor Wong, el zapatero remendón. Cuando necesitamos arreglar nuestros zapatos, el señor Wong sabe cómo hacerlo.

—Zapatos como nuevos y al mejor precio —dice el señor Wong.

HONG FA CORP
康達公司
文學

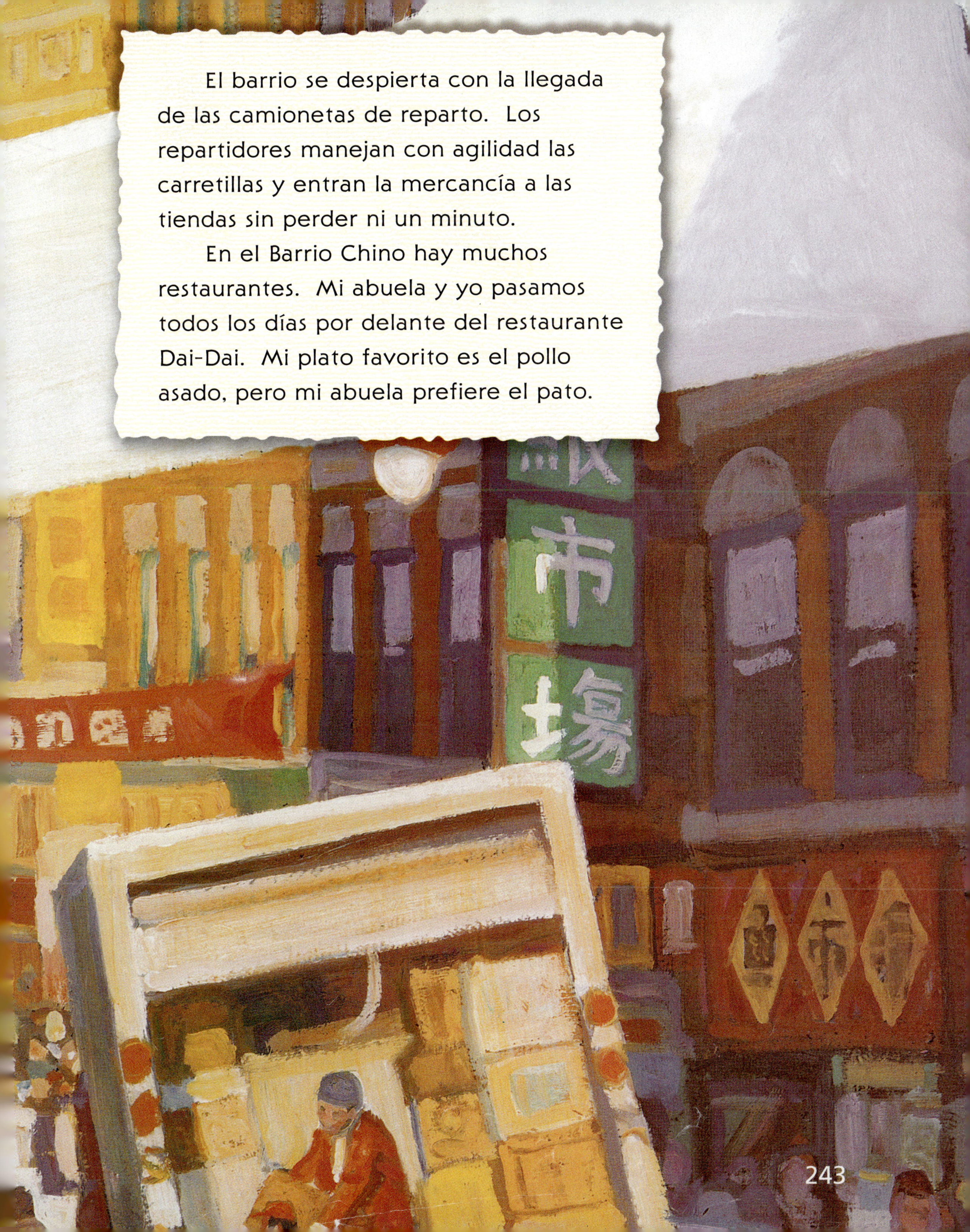

El barrio se despierta con la llegada de las camionetas de reparto. Los repartidores manejan con agilidad las carretillas y entran la mercancía a las tiendas sin perder ni un minuto.

En el Barrio Chino hay muchos restaurantes. Mi abuela y yo pasamos todos los días por delante del restaurante Dai-Dai. Mi plato favorito es el pollo asado, pero mi abuela prefiere el pato.

Cuando empieza a hacer frío y la abuela necesita preparar sus sopas medicinales, entramos en la herboristería. Esa tienda está casi a oscuras y huele a moho. El dueño, el señor Chung, está poniendo raíces secas y hierbas en bolsitas.

—Ya está aquí el invierno —dice mi abuela—. Debemos fortalecer el cuerpo.

A veces, mi abuela y yo vamos a almorzar a un restaurante de mariscos. Me encanta ver los peces que nadan en la enorme pecera.

—No encontrarás pescados más frescos que los del Barrio Chino —dice mi abuela.

Hay mucho ruido en la cocina del restaurante. El aceite caliente chisporrotea, las verduras crujen y los woks repiquetean. Los cocineros tienen que gritar para poder oírse.

Mi abuela y yo vamos a los mercados al aire libre donde casi no puedo moverme. Pero vamos allí porque, para la cena, a mi abuela le gusta comprar los cangrejos vivitos y pataleando. Mi abuela se alegra cuando ve a los cangrejos de mal genio.

—Los cangrejos..., cuanto más furiosos, más sabrosos —dice la abuela.

Los sábados tomo clases en la escuela de kung fu. El maestro Leung nos enseña un movimiento nuevo cada semana.

—Para desarrollar el cuerpo y la mente —dice el maestro Leung—, deben practicar todos los días.

Mi día feriado favorito es el Año Nuevo chino. Durante las celebraciones, las calles se llenan de gente.

—No te separes de mí —me dice mi abuela.

El día de Año Nuevo, los niños mayores de mi escuela de kung fu desfilan por las calles al ritmo del retumbante ruido de los tambores. Mi abuela y yo tratamos de buscar un buen lugar para verlo todo, y yo le digo que el próximo año yo también voy a desfilar.

El desfile del día de Año Nuevo serpentea ruidoso y alegre por las calles.

—Mira, Abuela —le digo—, ahí viene el león.

Los fuegos artificiales empiezan a explotar justo cuando el león termina la danza. Yo miro a mi abuela, le doy la mano y le digo: —*Gung hay fat choy*, Abuela.

Ella me mira sonriendo y me dice: —Feliz año nuevo, querido nieto.

Conozcamos al autor e ilustrador

William Low

William Low nació en el Bronx, un barrio de la ciudad de Nueva York. De niño, le gustaba leer tiras cómicas y dibujar. Su barrio era lo que más le gustaba dibujar.

Ahora el señor Low trabaja en su estudio y enseña arte en la Escuela de Artes Visuales de Nueva York. Cuando no pinta, le gusta salir a pasear con su esposa, Margaret, y su perro, Sam.

Otros libros ilustrados por William Low:

Good Morning, City por Elaine Moore

Lily por Abigail Thomas

Si quieres aprender más acerca de William Low y sus ilustraciones, visita Education Place.

www.eduplace.com/kids

Reacción

Piensa en la selección

1. ¿Qué siente el niño por su barrio?
2. ¿Qué aprende de su abuela?
3. Si fueras de visita al Barrio Chino, ¿qué es lo que más te gustaría ver? ¿Por qué?
4. ¿Qué palabras usa el autor para describir el olor, el gusto, el tacto, el sonido y el aspecto de las cosas en el Barrio Chino?
5. **Conectar/Comparar** Compara algunos de los trabajos y negocios del Barrio Chino con los del barrio donde tú vives.

Describir

Describe tu restaurante favorito

Al niño del cuento le gusta comer en los restaurantes. Describe tu restaurante favorito.

- **Escribe un título para tu descripción.**
- **Usa adjetivos para añadir detalles a tu descripción.**

Ciencias sociales Compradores y vendedores
Escritura Escribir una descripción

Salud

Identifica actividades saludables

Los personajes de *El Barrio Chino* hacen cosas para ayudarlos a mantenerse saludables. Explica cómo son saludables estas actividades.

Extra **Anota todas las actividades saludables que haces tú en un día.**

Escuchar y hablar

Imita los sonidos de la calle

En un grupo pequeño, piensen en los distintos sonidos que podrían oír en el Barrio Chino. Dibujen objetos que hacen ruido, como el *cling* de las ollas cuando chocan. Escriban las palabras que describen esos sonidos. Por turnos, muestren los dibujos a la clase mientras imitan el sonido.

Publica una reseña

¿Le recomendarías a alguien el libro *El Barrio Chino*? ¿Por qué? Escribe una reseña del libro y envíala a Education Place. **www.eduplace.com/kids**

Conexión con las matemáticas

Destreza: Cómo leer un diagrama

1. Lee con atención las leyendas o los rótulos.
2. Si hay que seguir pasos numerados, léelos en orden.
3. Vuelve a leer las instrucciones de cada paso antes de hacerlo.

Estándares

Lectura

- Información de tablas y gráficas
- Seguir instrucciones escritas

Matemáticas

- Formar una figura con otras figuras

Hacer un Tangrama

por Margaret Kenda y Phyllis S. Williams

Las piezas de la mayoría de los rompecabezas sólo encajan de una sola manera. Las piezas de los tangramas, en cambio, pueden colocarse de muchas maneras distintas.

La idea del tangrama viene de la China. Allí es donde se publicó en 1813 el primer libro que hacía referencia a los tangramas. Probablemente la idea es mucho más antigua, pero nadie lo sabe. Es parte del misterio que rodea al tangrama.

Las siete piezas que forman un juego de tangrama auténtico se llaman *tans*.

Para hacer un tangrama, necesitas cartulina, papel para letreros u otro tipo de papel resistente. Si quieres, puedes recortar las piezas del tangrama en diferentes colores.

Así es como se corta un cuadrado para hacer los siete *tans* de un tangrama:

1. Comienza con un cuadrado.

2. Corta el cuadrado en dos triángulos grandes.

3. Dobla uno de los triángulos por la mitad y corta por la línea discontinua como se muestra.

4. Dobla la punta del otro triángulo como se muestra, y corta por el doblez.

5. Dobla el pedazo más grande por la mitad y córtalo en dos pedazos.

6. Dobla uno de los pedazos pequeños y córtalo por la línea discontinua como se muestra.

7. Dobla el otro pedazo pequeño y córtalo como se muestra.

Trata ahora de formar un cuadrado con los siete tans.

Jugar con un tangrama

¿Pudiste formar un cuadrado uniendo los siete tans? Así es como deben colocarse.

Los tans están numerados para que sepas dónde va cada uno.

Puedes crear tus propios diseños con los tans del tangrama o puedes copiar los diseños que ya están inventados. La única regla es que debes utilizar los siete tans.

Aquí tienes algunos diseños para practicar.

un pájaro volando **una persona corriendo** **un velero**

Soluciones para los tangramas

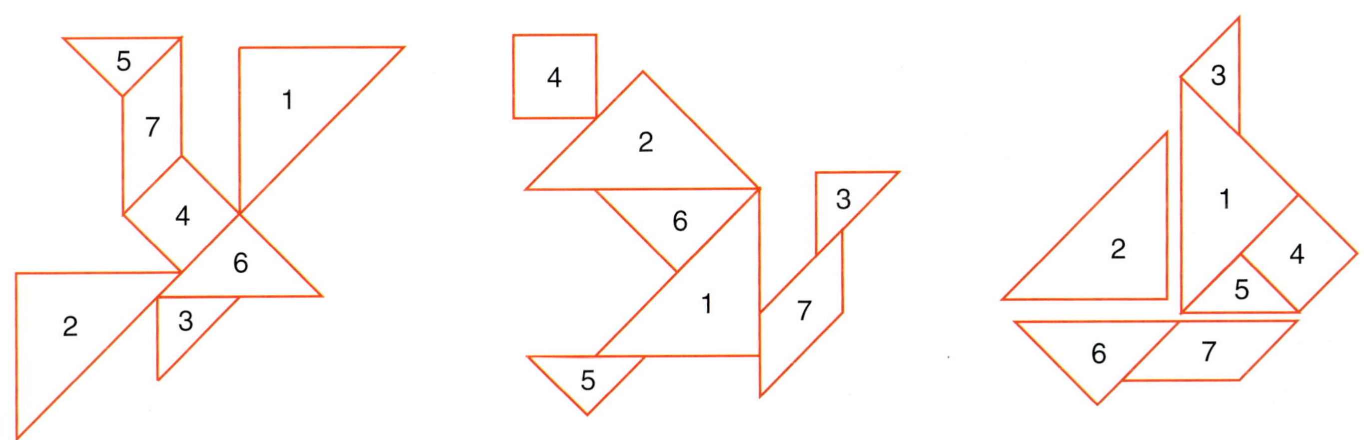

Carta amistosa

Una carta amistosa es para contarle lo que haces a un amigo muy especial. Usa la muestra de escritura de esta estudiante como modelo para escribir tus propias cartas amistosas.

Una carta amistosa incluye la **fecha**.

Una carta amistosa contiene un **saludo**.

La parte principal de la carta es el **cuerpo**.

8 de noviembre de 2001

Estimada Hazel:

¿Cómo estás? Yo estoy bien. Mi nuevo apartamento es mucho más grande y también mi cuarto. Ya tengo una amiga. Se llama Kate y es muy simpática. Me invitó a ir a su casa. Ella tiene una hermana mayor. Ellas me dieron unos bizcochos de caramelo que se llaman blondies que son muy ricos.

Tengo otra amiga que se llama Kacy. Después de la escuela, Kacy y yo hacemos la tarea juntas en el club de tarea.

Escritura Escribir una carta amistosa

Mi maestra es muy simpática. Después de la escuela, tomo una clase de arte que me gusta mucho. Kate no toma clases después de la escuela. Es una pena, porque celebramos muchos cumpleaños. Me encanta mi nueva escuela y también mi nuevo apartamento.

Un abrazo,

Gaby

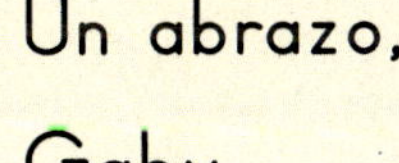

Los **detalles** le dan vida a la carta.

Una carta amistosa termina con una **despedida** y el **nombre** de la persona que la escribe.

Conozcamos a la autora

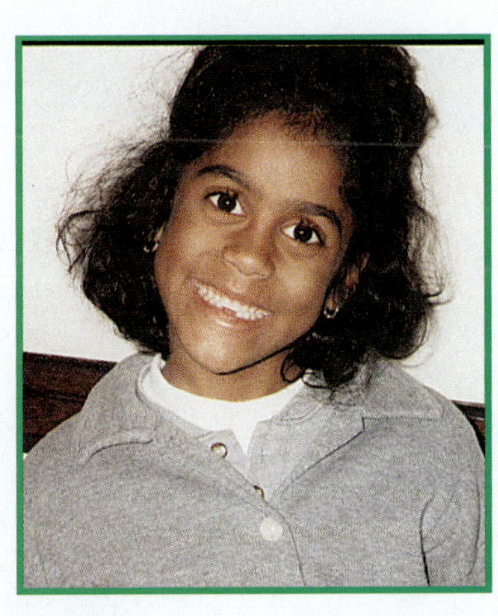

Gabriela M.

Grado: segundo

Estado: Massachusetts

Pasatiempos: leer, ver películas, las artes y las manualidades

Qué quiere ser cuando sea mayor: humorista y artista

Visita a la estación de bomberos

Vocabulario

bomberos
camión de bomberos
cuarto de despacho
emergencia
equipo

Estándares

Lectura

- Preguntas sobre el texto expositivo

Cuando hay un incendio, cada segundo cuenta.

En la estación de bomberos, suena la alarma. Un operador del **cuarto de despacho** les dice a los **bomberos** el lugar exacto del incendio.

Los bomberos se ponen rápidamente su **equipo**. Se suben al **camión de bomberos** y se van a toda velocidad. ¡Van a atender una **emergencia**!

Lee *Visita a la estación de bomberos* para aprender más cosas sobre las estaciones de bomberos y sobre apagar incendios.

ESTACIÓN DE BOMBEROS

Wendy Cheyette Lewison

Dónde nació: en Brooklyn, Nueva York

Otros trabajos que ha tenido: maestra de kinder, editora de libros infantiles y revistas

Su familia: Su esposo se llama John y tienen dos hijos, Elizabeth y David.

Otros libros por Wendy Lewison:

Going to Sleep on the Farm
Hello, Snow!
Buzz Said the Bee

Elizabeth Hathon

Dónde vive: en Cape Cod, Massachusetts, con su esposo y sus dos hijos

Dónde trabaja: Tiene su propio negocio de fotografía en Nueva York.

Otros libros fotografiados por Elizabeth Hathon:

I Am a Flower Girl
por Wendy Cheyette Lewison
Daddy and Me
por Catherine Daly-Weir

Para saber más acerca de la autora y la fotógrafa, visita Education Place.

www.eduplace.com/kids

Visita a la estación de bomberos

por Wendy Cheyette Lewison
fotografías de Elizabeth Hathon

Estrategia clave

Algunos niños van de visita a la estación de bomberos de su vecindario. Al leer sobre su visita, piensa en **preguntas** que podrías hacer acerca de los bomberos y las estaciones de bomberos.

David y sus compañeros de clase van hoy a visitar la estación de bomberos de su vecindario. Por eso David lleva puesta una camiseta especial. ¡Es roja como un camión de bomberos!

El jefe de bomberos recibe a los niños en la entrada.

—Niños y niñas, bienvenidos a nuestra estación de bomberos —dice—. Les vamos a mostrar muchas cosas interesantes.

Y les deja probarse a todos un casco de bomberos de verdad.

Luego, conocen al perro de la estación. Los niños tratan de adivinar cómo se llama y ¡aciertan! Se llama Manchas.

Los bomberos les dicen que Manchas todavía no ha desayunado. ¿Quieren entrar y darle de comer? ¡Claro que sí!

Mientras Manchas desayuna, los niños lo miran todo.

David ve el equipo de los bomberos colgado en la pared. Tres bomberos demuestran cuánto tiempo les toma ponérselo todo. ¡Menos de treinta segundos!

Katarina encuentra la barra de descenso.

—¡Hola-a-a, niños! —grita un bombero desde arriba. Se agarra a la barra con las piernas y las manos, y se desliza. ¡Pssssss!

Él les explica que la barra de descenso es una parte muy importante de la estación de bomberos. La barra ayuda a los bomberos a moverse rápidamente cuando suena la alarma. Es mucho más rápido que bajar las escaleras. Cuando hay un incendio, ¡cada segundo cuenta!

—¿Qué hay allá arriba? —pregunta José, señalando el agujero que hay en el techo.

—Vamos a verlo —contesta el bombero. Y lleva a los niños al piso de arriba.

Ellos ven donde duermen los bomberos. Hay una cama, una lámpara y un armario para guardar la ropa. Hay hasta una cama para Manchas.

Además, hay una cocina para que los bomberos puedan prepararse algo de comer y, cuando todo está tranquilo, se sientan a contarse historias emocionantes.

Después, llevan a los niños al cuarto de despacho. Aquí no hay nunca un minuto de tranquilidad.

Hay movimiento de día y de noche. Siempre hay luces encendiéndose y apagándose en los monitores. Los teléfonos no paran de sonar. Aquí es donde se reciben las llamadas telefónicas que comunican a los operadores dónde están los incendios.

Algunas llamadas vienen del 911, el número que muchas comunidades usan en caso de una emergencia.

Es aquí donde también entran las alarmas.

Un operador les muestra a los niños cómo funciona el sistema de alarma. Cuando alguien ve un incendio, hala de la palanca en la caja de alarma. Eso es lo que hace sonar esta campana aquí en la estación de bomberos.

La alarma suena un cierto número de veces siguiendo un código o patrón. Ese código sale perforado en esta cinta, y así se puede leer y anotar.

Los operadores buscan ese código en este enorme tablero para averiguar de qué caja de alarma proviene la señal. Entonces, saben exactamente dónde deben enviar al camión de bomberos.

Distintos tipos de camiones de bomberos realizan distintas tareas. Algunos son para incendios forestales. Otros son para incendios en edificios altos. Cada camión está especialmente equipado para cada tipo de emergencia.

Muchos de estos camiones están en otras estaciones de bomberos. Pero todos están en perfecto estado, listos para salir en cualquier momento hacia el lugar donde se les necesite.

Carro con escalera aérea

Ambulancia

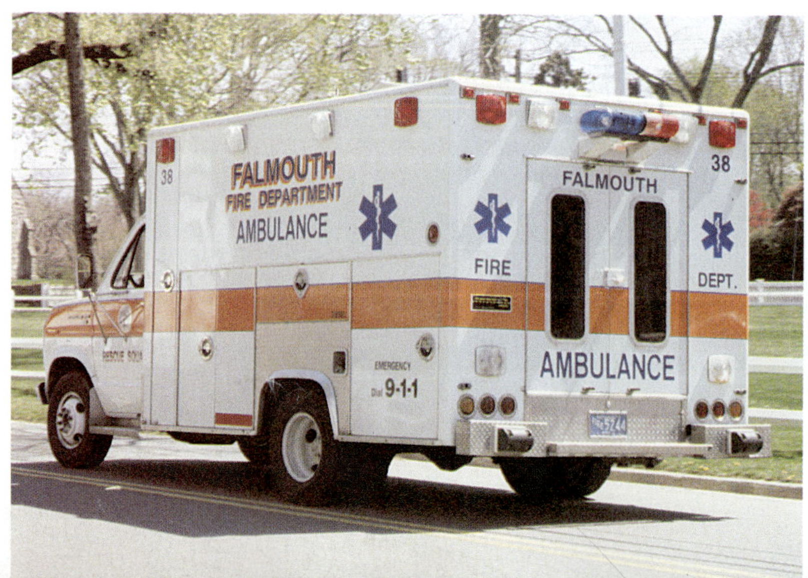

Vehículo forestal

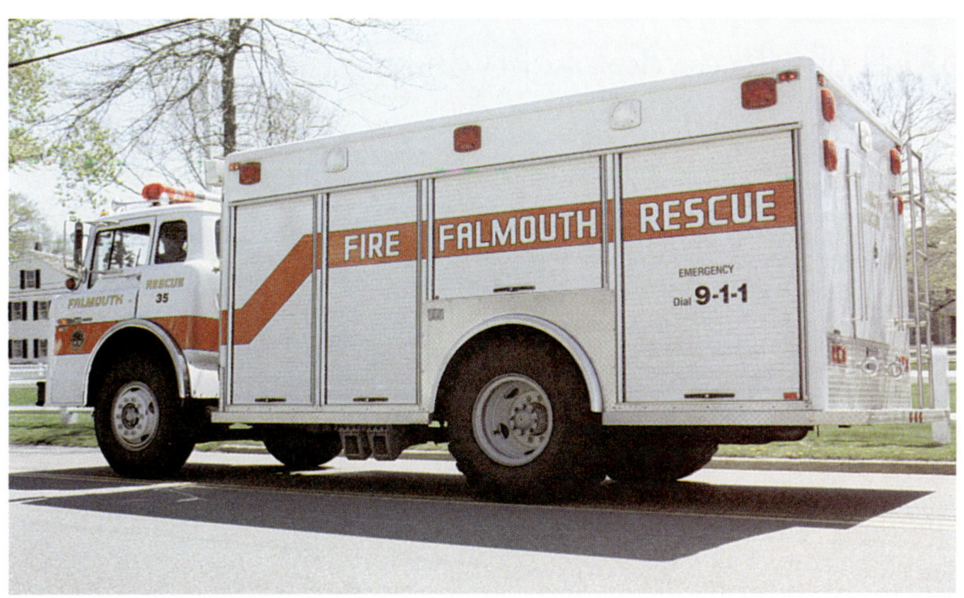

Camión pesado para rescates

Camión de rescate con lancha de salvamento

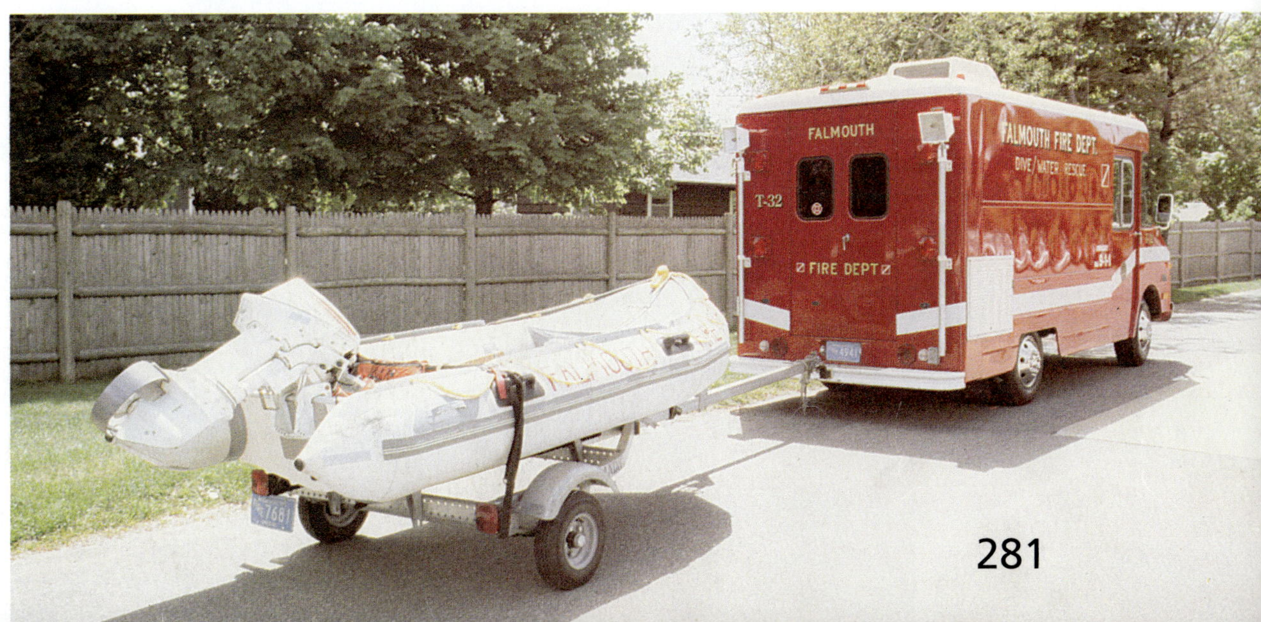

Ahora los niños vuelven al primer piso para ver de cerca uno de los camiones que hay en la estación. Se suben por todas partes y lo tocan todo.

Juegan a que son bomberos y que manejan el inmenso camión por las calles de la ciudad. También llaman por radio al cuarto de despacho de la estación.

Comprueban el repiqueteo de la campana, los chillidos de la sirena, el rugido de las mangueras y el chasquido de las válvulas.

Todo debe funcionar a la perfección. Todas las piezas deben revisarse constantemente.

Además, el camión de bomberos debe estar limpio y reluciente. Y como hoy hace un día tan bonito, los niños pueden ayudar a lavarlo. Primero, lo enjabonan. Luego, lo enjuagan y le sacan brillo.

Todos se divierten. ¡Manchas también se divierte jugando a la pelota con uno de los bomberos!

ENGINE 21
WHITE
CAUTION
WET FLOOR

Cuando los niños terminan de lavar el camión, ayudan a una bombera a enrollar una desinflada y larguísima manguera contra incendios. ¡Katarina piensa que se parece a una serpiente!

La manguera enrollada se guarda en el camión, junto con las otras mangueras. ¡Ya están todas listas para apagar incendios!

Los bomberos felicitan a los niños porque han hecho todos un trabajo excelente. Se merecen algo especial. ¿Qué tal unos panecillos con queso crema en la cocina? ¡Qué rico!

Los bomberos y los niños se están terminando tranquilamente la merienda, cuando de repente, ¡tin! ¡tilín! ¡tin!, suena la alarma.

En un abrir y cerrar de ojos, todos los bomberos se levantan y salen corriendo de la cocina.

Se deslizan por la barra y se ponen el equipo.

FIRE DEPARTMENT
ENGINE 21
FOAM UNIT
EMERGENCY
DIAL 9-1-1

Desde la ventana, los niños observan cómo los bomberos se suben al carro a toda prisa y desaparecen con los chillidos de la sirena.

Los niños les dicen adiós con la mano y se quedan tristes porque la visita ha terminado. Pero saben que los bomberos tienen un trabajo muy importante que hacer.

Todos desean que el incendio se pueda apagar muy rápido. Y sobre todo, desean que muy pronto vuelvan a invitarlos a la estación de bomberos.

Reacción

Visita a la estación de bomberos
por Wendy Cheyette Lewison
fotografías de Elizabeth Hathon

Piensa en la selección

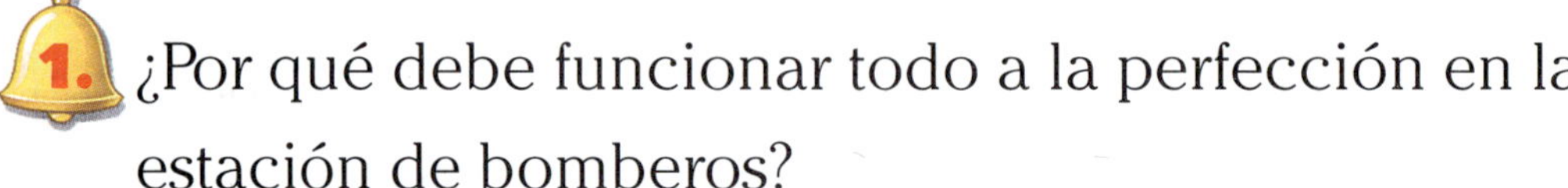

1. ¿Por qué debe funcionar todo a la perfección en la estación de bomberos?

2. ¿Cuál crees que es la parte más difícil de ser bombero?
3. ¿Por qué crees que esta selección usa fotografías en lugar de dibujos?
4. Cuando seas mayor, ¿te gustaría ser bombero? ¿Por qué?
5. **Conectar/Comparar** ¿Cómo ayudan los bomberos a su comunidad?

Explicar

Escribe preguntas y respuestas

Piensa en todo lo que has aprendido sobre los bomberos y las estaciones de bomberos. Escribe cinco preguntas que podrías hacer al visitar una estación de bomberos. Luego, escribe una respuesta para cada pregunta.

Consejos

- Piensa en preguntas que podría contestar un bombero.
- No te olvides de poner los signos de interrogación en cada pregunta.

Lectura El propósito del autor
Preguntas sobre el texto expositivo

Matemáticas

Calcula el tiempo aproximado

En la estación de bomberos, un bombero tarda menos de treinta segundos en vestirse. Piensa en actividades sencillas que puedan realizarse en treinta segundos o menos. Con un compañero, hagan una demostración. Utilicen un reloj con segundero para medir el tiempo que tardan.

Vocabulario

Haz un glosario

Busca palabras en el cuento que describan una estación de bomberos. Escribe una lista con al menos cinco palabras. Luego, ponlas en orden alfabético y escribe su significado al lado de cada palabra.

Extra **Escribe cada palabra en una oración.**

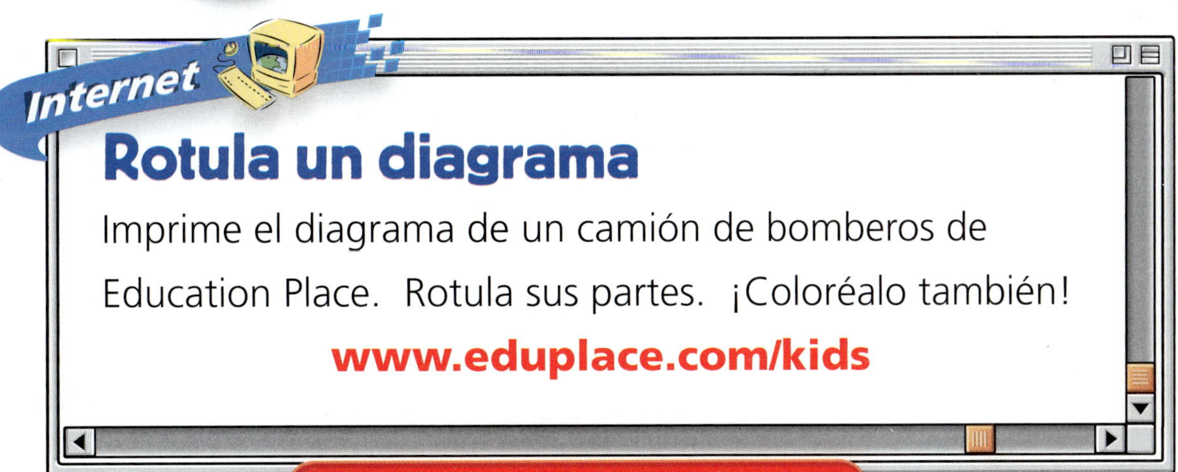

Rotula un diagrama

Imprime el diagrama de un camión de bomberos de Education Place. Rotula sus partes. ¡Coloréalo también!

www.eduplace.com/kids

Conexión con la salud

Destreza: Cómo tomar notas

1. Escribe el título del artículo en la parte superior de una hoja de papel.
2. Lee los subtítulos del artículo. Escríbelos.
3. Lee el párrafo que acompaña a cada subtítulo.
4. Escribe los datos más importantes debajo de cada subtítulo.

Estándares

Lectura

- Usar información de un texto expositivo
- Información de tablas y gráficas

por Martin C. Grube

Comparte con tu familia estos consejos para prevenir incendios. ¿Cuántas de estas medidas de seguridad pone tu familia en práctica?

Poner a prueba el detector de humo

En cada casa debería de haber por lo menos un detector de humo a pilas. Y también en los cuartos o cerca de ellos. Pide a tu padre o a tu madre que ponga a prueba el detector de humo una vez al mes para comprobar que funciona y que cambie las pilas una vez al año.

Parar, bajar y rodar

Si se te prende fuego en la ropa, no corras. Párate, agáchate cubriéndote la cara con las manos y rueda hacia la derecha y hacia la izquierda para apagar las llamas.

Realizar simulacros de incendios

Pide a tus padres que preparen un plan de salida en caso de incendio. Realicen un simulacro de incendio al menos dos veces al año para que todos los miembros de la familia sepan lo que tienen que hacer si se produce un incendio. Discutan con tiempo los pasos a seguir. Escojan un sitio fuera de la casa donde encontrarse.

Luego, practiquen el simulacro de incendio. Con todos acostados en la cama, alguien hace sonar la alarma.

Levántate y toca la puerta para ver si está caliente. Si lo está, sal por la ruta de escape alternativa. Si la puerta no está caliente, mira a ver si hay señales de humo o de calor en el pasillo.

Si tienes que pasar a través del humo, gatea porque el aire está más limpio cerca del piso. (Para evitar el contacto con los gases peligrosos y el calor excesivo que origina el fuego cerca del techo, nunca te pares cuando haya humo.)

Vean cuánto tiempo tardan en llegar al lugar de encuentro.

Prepárate para leer

Desarrollar conceptos

El gran bigote
por Gary Soto
ilustrado por Joe Cepeda

El gran bigote

Vocabulario

bigote
disfraz
espejo
espeso
guapo

Estándares

Lectura

- Usar patrones de ortografía

Disfraces

En el cuento que sigue, los niños de una clase se preparan para representar una obra de teatro. En las obras de teatro, los actores y las actrices se disfrazan para interpretar el papel de distintos personajes.

Este actor está vestido para interpretar el papel de un **guapo** príncipe. La capa es parte de su **disfraz**.

Un **bigote** muy **espeso** y una peluca pueden ser un excelente disfraz.

Una actriz se maquilla frente al **espejo**.

Selección 3

El gran bigote

por Gary Soto

ilustrado por Joe Cepeda

Estrategia clave

Los problemas empiezan cuando Ricky tiene que interpretar un papel en la obra de teatro de la escuela. Al leer el cuento, trata de **predecir** cómo se solucionarán los problemas.

Lectura Establecer el propósito de la lectura

A Ricky siempre le decían que se parecía a su mamá.

—¡Qué ojos tan bonitos! Son igualitos a los suyos, Rosa —dijo la señora Sánchez, la guarda peatonal, a la mamá de Ricky cuando lo acompañaba una mañana a la escuela.

—¡Gracias! —exclamó la mamá, mirando a Ricky con una sonrisa.

—¡Que pases un buen día, mi'jo! —dijo, y luego le dio un beso.

Ricky entró a la escuela disgustado. Si él era un niño, ¿por qué no le decían que se parecía a su papá?

Esa mañana, la maestra, la señorita Cortez, sacó una caja muy grande del armario y la puso sobre su escritorio. Sacó un sombrero y un sarape. Luego, sacó una espada y, levantándola, dijo:

—Niños, para la próxima lección vamos a representar una obra de teatro sobre el *Cinco de Mayo*. El *Cinco de Mayo* es un feriado que celebra la victoria mexicana frente al ejército francés.

La señorita Cortez paseó la mirada por la clase y se quedó mirando a Ricky.

—Ricky, ¿quieres llevar tú la espada?

Ricky dijo que no con la cabeza.

—¿Quieres ponerte esta camisa blanca? —le preguntó.

Ricky volvió a decir que no una y otra vez. No quiso ni el sombrero mexicano, ni el sombrero de capitán, ni la capa morada, ni la banderita mexicana.

Pero cuando la señorita Cortez sacó un gran bigote espeso y oscuro, algo cambió de repente. Esta vez, Ricky dijo que sí.

Todos ensayaron sus papeles por el resto del día. Unos hacían de soldados mexicanos y otros de soldados franceses.

Ricky se pasó todo el rato jugando con el bigote. Le hacía cosquillas en los labios, pero se sentía importante.

Al terminar la clase, la señorita Cortez pidió a los niños que dejaran su disfraz en el escritorio.

Ricky se quitó el bigote, pero en vez de dejarlo en el escritorio, se lo puso en el bolsillo. Quería llevárselo a casa y darle una sorpresa a su papá cuando llegara del trabajo.

“A lo mejor Mami nos toma una foto”, pensó. “Podríamos posar los dos juntos al lado del carro nuevo”.

Al salir de la escuela, Ricky se puso de nuevo el bigote. Se sentía como una persona mayor.

Por la calle, un señor lo saludó: —¡Hola, soldado!

Y una señora que venía del mercado le dijo:
—¡Qué joven tan guapo!

Pasó por delante de una niñita que le dijo:
—Señor, ¿me ayuda a atarme los zapatos?

Ricky se rió y se fue corriendo a casa. Subió las gradas de dos en dos, empujó la puerta y entró a la cocina. Su mamá estaba allí pelando manzanas.

—¡Hola, Mami! —dijo—. Tengo hambre.

La miró a la cara esperando que le dijera algo del gran bigote. Pero ella sólo sonreía, mientras le daba un pedazo de manzana.

—Mi'jo, lávate las manos y ayúdame con las manzanas —dijo.

A Ricky se le borró la sonrisa de la cara. "¿No se ha dado cuenta?", pensó.

—Mami, mira, ¿no te gusta mi bigote? —dijo jalándole del delantal.

Su mamá lo miró.

—¿Bigote? ¿Qué bigote?

—¡Pues éste! —dijo tocándose el labio. ¡Pero el bigote había desaparecido! Se tocó toda la cara. No lo tenía en los cachetes. No lo tenía en la barbilla. Miró en el piso, pero tampoco estaba allí.

“Debo haberlo perdido por el camino”, pensó Ricky. Y sin decir nada, salió corriendo a la calle.

Volvió sobre sus pasos con los ojos bien abiertos. Buscó en una pila de hojas secas. Miró entre la hierba que crecía junto a una cerca. Buscó en la calle, entre los carros y entre las flores.

Dio un salto de esperanza al ver una cosa negra. Pero cuando se agachó a recogerla, descubrió que sólo era un creyón aplastado.

Ricky se sentó en la acera y se puso a llorar. El bigote había desaparecido.

Cuando regresó a casa, Ricky le contó a su mamá lo que había pasado. Ella se secó las manos con el trapo de cocina y lo abrazó.

Durante la cena, se lo quería contar también a Papi, pero no le salían las palabras. Tenía un nudo en la garganta.

Ricky miraba cómo subía y bajaba el gran bigote de su papá cuando masticaba.

—Bigote —dijo Ricky entre dientes, pero su papá no lo oyó porque hablaba y hablaba de su trabajo.

Después de la cena, Ricky se fue a su cuarto. Con un creyón negro pintó una hoja de papel y la recortó en forma de bigote. Luego, se lo pegó debajo de la nariz con cinta adhesiva y se paró frente al espejo. El bigote no parecía de verdad. Ricky lo rompió, lo arrugó y lo tiró al piso.

Ricky encontró una lata de brillo negro en el armario y, mirándose al espejo, se pintó un rectángulo debajo de la nariz. Pero era demasiado plano y no era espeso ni grande como los bigotes de verdad.

Finalmente, encontró un par de zapatos viejos. Les sacó los cordones negros y los cortó en trozos más pequeños. Luego, los ató por el medio con una liga y se puso su obra de arte. Parecía un trapeador negro y olía a calcetines viejos.

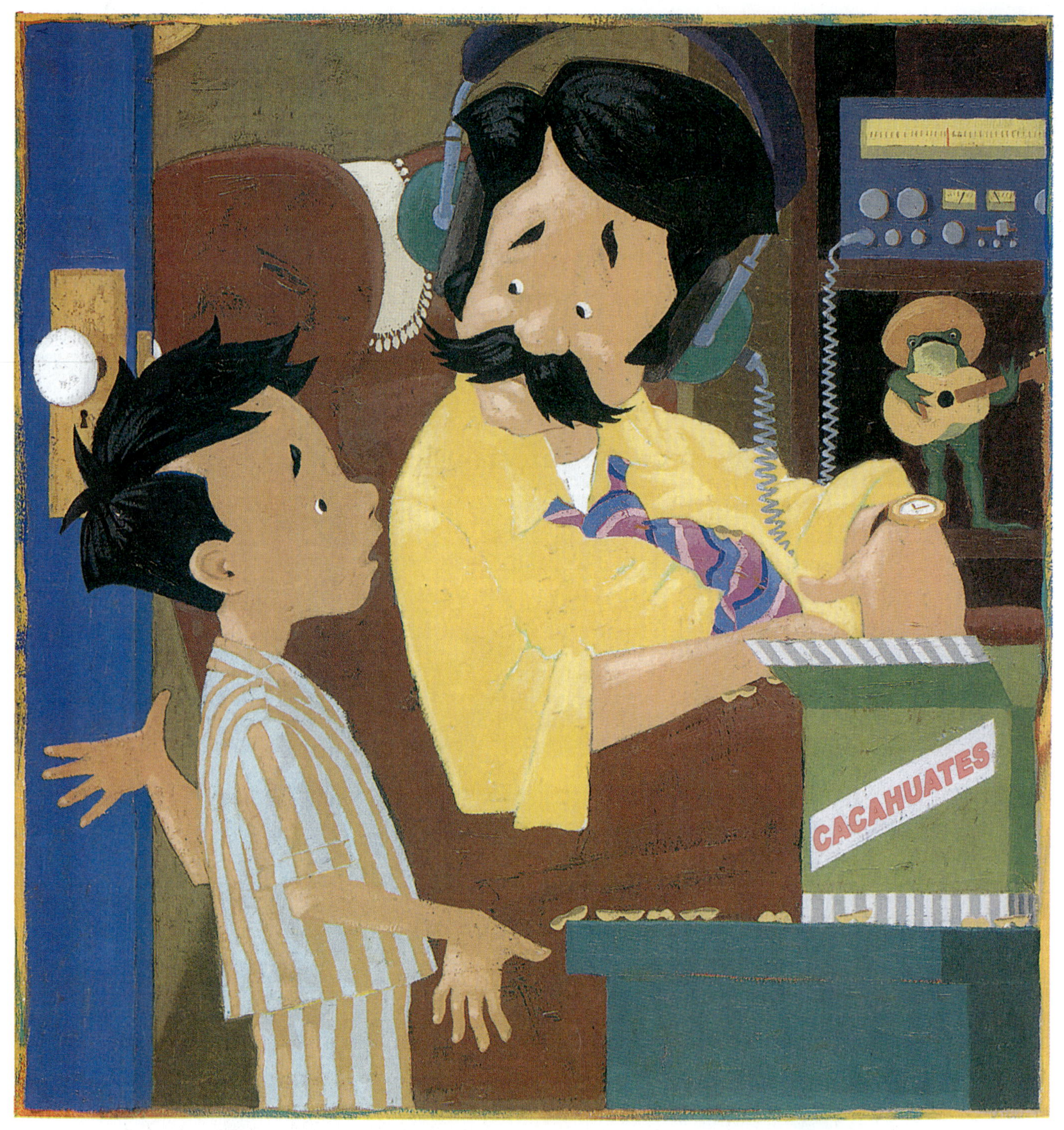

Esa noche, después de ponerse el pijama, Ricky fue a la sala. Allí estaba su papá escuchando el radio.

—Papi, perdí mi bigote. Mi bigote que...

Su papá dijo riendo: —¿Qué bigote?

Ricky se sentó en las rodillas de su papá y se lo contó todo. Su papá sonrió y le contó un cuento sobre una gallina que quería ser un cisne. Era un buen cuento, pero no resolvió el problema. Mañana, Ricky tendría que darle alguna explicación a la señorita Cortez.

A la mañana siguiente, Ricky se levantó muy despacio de la cama. Se vistió despacio. Se peinó despacio. Durante el desayuno, se comió despacio el cereal. Cuando su papá entró en la cocina, Ricky levantó los ojos muy despacio.

—Buenos días —dijo el papá.

Luego, la mamá de Ricky entró en la cocina y le dijo: —Mi'jo, tengo una sorpresa para ti.

Mami le mostró el puño cerrado y luego lo abrió como si fuera una flor. En la palma de la mano tenía un bigote. Era grande y espeso.

—¡Lo encontraste! —gritó Ricky entusiasmado.

—Bueno, sí y no —dijo Mami, sirviéndose una taza de café.

Ricky se pegó el bigote nuevo. Mientras comía su cereal, el bigote subía y bajaba igual que el de su papá.

Pero algo había cambiado en la sonrisa de su papá. Su labio se veía raro. Ricky se levantó de la silla de un salto y lo abrazó por el cuello.

—¡Gracias, Papi! ¡Gracias! —exclamó.

—Está bien, está bien, pero la próxima vez escucha a la maestra —dijo Papi acariciándole el pelo—. Bueno, ¡ahora ya nos parecemos!

Ricky sonrió de oreja a oreja.

De camino a la escuela, Ricky no se puso el bigote. Esta vez se lo guardó en el bolsillo para llevarlo más seguro.

Ahora ya no era un simple disfraz. Era un regalo de su papi.

Conozcamos al autor
Gary Soto

Gary Soto se crió en Fresno, California. A los diecinueve años pensó que le gustaría ser escritor. Desde entonces, ha escrito muchos libros para niños y para adultos.

El señor Soto da clases de escritura creativa en la Universidad de California, en Berkeley. Ha producido películas para niños y dirige un programa de lectura en California para estudiantes de la universidad comunitaria.

Conozcamos al ilustrador
Joe Cepeda

El hijo de Joe Cepeda nació cuando él estaba haciendo las ilustraciones para *El gran bigote.* Él dibujó a su familia en la ilustración de la página 315. ¡Ésos son el señor Cepeda, su esposa y su hijo detrás de la cerca!

Otros libros por Gary Soto y Joe Cepeda:

El viejo y su puerta

Cat's Meow

Para saber más acerca de este dúo fantástico, visita Education Place. **www.eduplace.com/kids**

Reacción

Piensa en la selección

1. ¿Cómo crees que se sintió Ricky cuando se dio cuenta de que había perdido el bigote?
2. ¿Qué crees que Ricky aprendió de esta experiencia?
3. ¿Qué harías tú si perdieras algo que fuera de la clase?
4. ¿Qué hubiera pasado si el papá de Ricky no le hubiera dado su bigote? ¿Cómo hubiera cambiado el cuento?
5. **Conectar/Comparar** Compara el barrio de Ricky con el del niño que vive en el Barrio Chino.

Expresar

Escribe un diálogo

Escribe un diálogo entre Ricky y su maestra. Haz que Ricky explique qué le pasó al bigote. Si quieres, representa el diálogo con un compañero.

Consejos

- **Fíjate en los diálogos del cuento.**
- **Usa guiones para indicar lo que dicen los personajes.**

Lectura — El impacto de finales diferentes
Lenguaje — Usar guiones

Haz una caja de herramientas

Escribe en una lista los trabajos que se mencionan en el cuento. Escoge uno de esos trabajos o piensa en algún otro. Busca una caja pequeña que pueda servir de caja de herramientas. Luego, pon todo lo que necesitaría una persona para realizar el trabajo que escogiste. Dibuja o recorta dibujos o fotografías de las herramientas.

Mira fotografías

Busca fotografías de hombres con bigote. Busca en revistas o catálogos. Busca bigotes de distintas formas y colores. Luego, crea un cartel de bigotes.

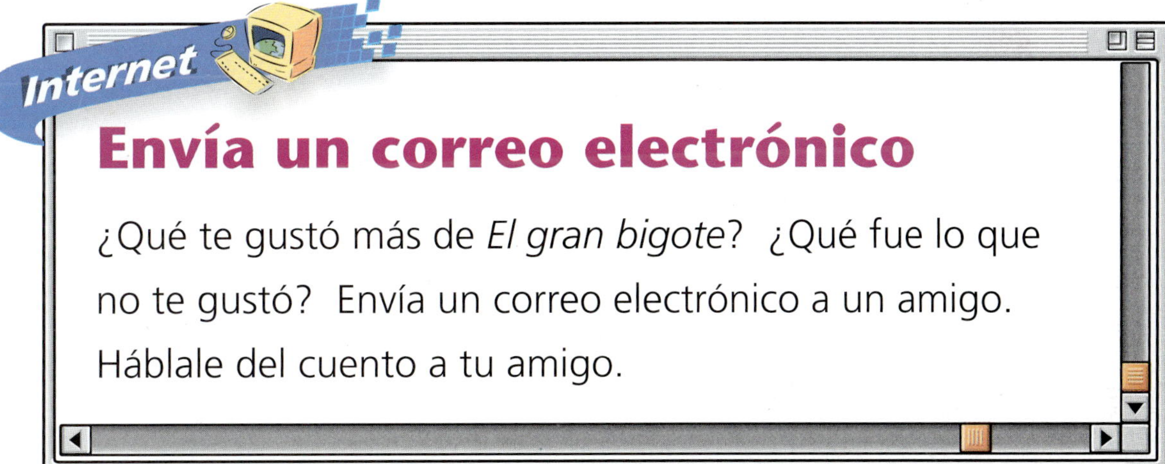

Envía un correo electrónico

¿Qué te gustó más de *El gran bigote*? ¿Qué fue lo que no te gustó? Envía un correo electrónico a un amigo. Háblale del cuento a tu amigo.

Conexión con la poesía

Destreza: Cómo leer un poema

- Lee cada verso despacio y prestando atención.
- Lee el poema más de una vez.
- Fíjate bien en la puntuación.
- Léele el poema a un compañero en voz baja.

Estándares

Lectura
- **Identificar técnicas poéticas**

Poemas familiares

La tijera de mamá

Cuando me recorta el pelo
la tijera de mamá,
va diciendo en su revuelo:
chiqui-chiqui-chiqui-chá...

Aletea,
viene y va,
y a mi oído cuchichea:
chiqui-chiqui-chiqui-chá...

Cuando el pelo me recorta
la tijera de mamá,
charla más de lo que corta:
chiqui-chiqui-chiqui-chá...

por Germán Berdiales

Las pantuflas de Abuelita

Las pantuflas de Abuelita
son de felpa, suavecitas.
Comienzan a trabajar
temprano en la mañanita.

Van despacio todo el día
por la casa, sin parar,
y sólo se están muy quietas
a la hora de almorzar.

Mi abuela las cuida mucho,
pero a veces me las presta
y juego a que soy viejita,
mientras ella duerme siesta.

por Lara Ríos

Palmas, palmitas

Palmas, palmitas, que viene Papá,
palmas, palmitas, que pronto vendrá.
Palmas, palmitas, que viene Papá,
palmas, palmitas, que en casa ya está.

juego tradicional

A tapar la calle

A tapar la calle
que no pase nadie.
Que pase mi abuelo
comiendo buñuelos.
Que pase mi abuela
comiendo ciruelas.
Que pase mi tía
comiendo sandía.
Que pase mi primo
comiendo pepino.
Que pase mi hermana
comiendo manzana.

juego tradicional

Prepárate para leer

Desarrollar conceptos

Jamaica Louise James

Vocabulario

estaciones
ficha
metro
taquillas

Estándares

Lectura

- Descifrar palabras polisílabas

Viajar en metro

No todos los trenes van por la superficie. En algunas grandes ciudades, el **metro** viaja bajo tierra. Estos trenes recorren toda la ciudad por túneles subterráneos.

En las **estaciones** de metro es donde unos pasajeros se suben al metro y otros se bajan. En el cuento que vas a leer, un evento muy especial ocurre dentro de una estación de metro.

Una **ficha** es una especie de moneda que se usa para pagar un viaje en metro.

Las fichas se venden en las **taquillas**.

Conozcamos a la autora
Amy Hest

Antes de convertirse en escritora, Amy Hest era bibliotecaria para niños. "Durante toda mi vida, aunque en secreto, quise escribir libros para niños". Amy Hest nació en Nueva York. Ella todavía vive allí, a menos de media cuadra de distancia de Sheila White Samton.

Conozcamos a la ilustradora
Sheila White Samton

Desde la ventana de su apartamento, Sheila White Samton puede ver el edificio donde vive Amy Hest. "Antes de hacer el libro no nos conocíamos y ahora nos encontramos a cada rato".

Otros libros por Sheila White Samton:

Ten Tiny Monsters: A Superbly Scary Story of Subtraction

Frogs in Clogs

¿Te gustaría aprender más acerca de la autora y de la ilustradora de este libro? Visita Education Place.

www.eduplace.com/kids

Selección 4

Jamaica Louise James

por Amy Hest
ilustrado por Sheila White Samton

Estrategia clave

Jamaica Louise hace que su barrio sea un lugar más alegre. Al leer, **evalúa** si el cuento y los personajes te gustan o no te gustan.

Yo fui la de la GRAN idea...

Todo ocurrió el invierno pasado, y el alcalde grabó mi nombre en una placa dorada. La placa está colgada en la estación de metro que hay entre la calle 86 y la calle Main. Si vas allí la verás.

¡Sí señor! ¡Ésa soy yo!
¿Quieres saber cuál fue mi gran idea?

Te la contaré, pero sólo si escuchas hasta el final. Mamá dice que mis historias son el cuento de nunca acabar. Cuando no he hecho más que empezar, siempre me dice: "Déjate de rodeos, Jamaica, y ve al grano" o "Vamos, rapidito, nena". Pero a mí me gusta añadir detalles, y enlazarlos por aquí y estirarlos por allá.

ABUELA
MAMÁ
JAMAICA
LOUISE
JAMES

Esta historia empieza conmigo.

Yo tengo un cuaderno grande de dibujo con cien páginas enormes y cinco lápices de colores perfectamente afilados.

A veces me siento en el peldaño más alto de la entrada de mi casa, donde todo el mundo puede verme. Todo lo que veo es algo que quiero dibujar.

PERRITOS CALIENTES
$1.00
Pizzería
Jamaica, 7 años

Por la noche, me acurruco en el sofá con Mamá y Abuelita, mientras la ciudad se va quedando en silencio. Y todas las noches les muestro, uno por uno, todos mis dibujos.

Algunas veces, les cuento alguna historia para acompañar los dibujos. A veces me preguntan cosas como: "¿Por qué los bolsillos del abrigo de este hombre son triángulos?" Y otras veces no decimos ni una palabra.

Y ahora mírame aquí, es mi cumpleaños. Cumplo 8 años. Mamá y mi abuela dan vueltas y vueltas bailando alrededor de la cama.

—Vamos, abre el regalo de una vez —dicen impacientes—. No podemos esperar ni un minuto más.

¿Sabes qué me regalaron? Una caja de pinturas como las de los pintores de verdad, con ocho tubitos de pintura de colores y dos pinceles. Pero, esas cajas de pinturas cuestan mucho dinero. Ahora estoy preocupada.

—¡Uuuh! ¡Uuuh! —dicen las dos—. ¿Vas a pasar el día de tu cumpleaños número 8 PREOCUPÁNDOTE, cuando podrías estar haciendo algo tan maravilloso como PINTAR EL MUNDO?

Esta parte de la historia trata ahora de mi abuela. Todos los días mi abuela va a trabajar cuando todavía es de noche. Ella se levanta de la cama muy despacio para no despertarme, pero a veces me despierto un poco. En invierno, se abriga tanto que parece una montaña de ropa.

En la cocina, ella y mamá hablan bajito mientras se toman una taza de ese café negro tan fuerte. Luego, mi abuela se pone la bolsa del almuerzo debajo del brazo y se va.

A mí me da miedo la noche, pero a mi abuela no. Y entre la calle 86 y la calle Main, ella baja escaleras y más escaleras hasta que por fin llega a la estación.

Allí se pasa el día vendiendo fichas en su taquilla. Siempre hay gente en la cola esperando su turno. Cada persona le da un dólar o cuatro monedas de veinticinco centavos, y ella le da una ficha a cambio. Luego, todos van corriendo para subir al tren.

86TH ST
Fichas
$1.00

Ahora, ya me gustan los trenes del metro, porque los asientos son de color rosa fuerte y porque son muy rápidos. Pero no me gustan las estaciones de metro, sobre todo la que está entre la calle 86 y la calle Main. Hay una escalera tan empinada, con tantos peldaños —cincuenta y seis exactamente— y hay tantas caras largas..., la gente parece enojada. Y además, las paredes son de azulejos viejos y sin color.

Cuando mi abuela regresa a casa, se pone a coser y a hablar de las personas que vio durante el día. Habla de la señora del sombrero verde o del caballero con la corbatita roja. Mamá lee y tararea.

Y yo pinto. Mezclo mis pinturas de colores hasta que consigo el color perfecto. Cada día añado un dibujo nuevo a mi colección, y cada día pienso en mi gran idea.

Por fin, llegamos ahora al cumpleaños de mi abuela. Mi mamá y yo nos levantamos temprano, nos abrigamos bien y, de puntillas, para no hacer ruido, salimos a la calle. Mamá me toma de la mano. Tengo un poco de miedo, pero estoy MUY ENTUSIASMADA.

En la oscuridad de la noche sólo se oye el crujir de la nieve bajo nuestras botas. Cuando llegamos al cruce de la calle 86 con la calle Main, bajamos los cincuenta y seis peldaños empinados hasta que por fin estamos en la estación.

Metro
86

No compramos ninguna ficha en ninguna de las taquillas, ni tampoco subimos al metro. Lo que sí hicimos fue colgar, uno por uno, todos mis dibujos en las paredes de viejos y aburridos azulejos. En cuestión de minutos, mil colores alegraban la estación.

86

¡Sorpresa!

—gritamos mamá y yo cuando mi abuela aparece bajando las escaleras.

La abuela mira emocionada los dibujos y dice: —Jamaica Louise James, ven aquí mi niña, y dame un fuerte abrazo.

JAMAICA
LOUISE
JAMES,
8 AÑOS

Pues ahora ya sabes toda la historia. Te sorprendería ver lo enamorados que están todos con mi estación de metro. Ahora la gente se para y habla, y algunas personas, hasta sonríen.

—Esa mujer se parece a mí —le dice una señora con un sombrero verde a un caballero con una corbatita roja.

Y la abuela les dice a todos quién es esa niña de 8 años que se llama Jamaica Louise James.

¡SÍ SEÑOR! ¡ÉSA SOY YO!

Reacción

Jamaica Louise James
por Amy Hest
ilustrado por Sheila White Samton

Piensa en la selección

1. ¿Cuándo piensa Jamaica en su gran idea por primera vez?
2. ¿Cómo se siente la abuela cuando ve lo que ha hecho Jamaica Louise? ¿Cómo lo sabes?
3. ¿Por qué crees que los adultos que entran cada día a la estación de metro parecen estar enojados?
4. ¿Te gustaría ser amiga o amigo de Jamaica Louise? ¿Por qué?
5. **Conectar/Comparar** ¿En qué se parecen la abuela de Jamaica Louise y la abuela del niño de *El Barrio Chino*? ¿En qué se diferencian?

Narrar

Escribe un cuento

La abuela le habla a Jamaica de las personas que ve en la estación de metro. Escoge uno de esos personajes, la señora del sombrero verde, por ejemplo, y escribe un cuento sobre ese personaje.

Consejos

- **Inventa un nombre para tu personaje.**
- **Escribe una lista con las palabras que describen a tu personaje.**

Comparar elementos del cuento
Organizar ideas relacionadas

Arte

Haz dibujos para tu barrio

Jamaica Louise hace sonreír a la gente con sus dibujos. Haz dibujos que hagan sonreír a las personas de tu barrio. Luego, piensa dónde podrías colgarlos.

Escuchar y hablar

Habla y explica por qué

La gran idea de Jamaica Louise fue un gran éxito. Piensa en una buena idea para mejorar tu barrio. Piensa en lo que le dirías al alcalde para convercerlo de que tu idea va a funcionar. Practica tu discurso con un compañero.

Internet

Haz una placa en Internet

Al alcalde le gustó tanto la brillante idea de Jamaica que hizo grabar su nombre en una placa. Imprime una placa de Education Place. Rellénala con tus datos personales o con los de otra persona.

www.eduplace.com/kids

Conexión con el arte

Destreza: Cómo seguir una receta

Antes de empezar...

1. Pide a un adulto que trabaje contigo.
2. Lee atentamente la receta.
3. Reúne los ingredientes y los utensilios que vas a necesitar.

Mientras trabajas...

1. Vuelve a leer cada paso.
2. Sigue los pasos en el orden correcto.

Estándares

Lectura

- **Seguir instrucciones escritas**

Tizas para la calle

por Marie E. Cecchini

Aquí tienes una receta para hacer tu propia tiza para dibujar y jugar en la calle. ¡Es tan divertido hacerla como usarla!

Materiales:

8 cáscaras de huevos blancos
4 cucharaditas de agua caliente
colorante de comida rojo, amarillo y azul
4 cucharaditas de harina
mortero y mano de mortero, o molde de hornear de aluminio y una piedra de tamaño mediano
tazón pequeño
batidor
espátula
papel de aluminio

Pasos:

1. Lava y seca con cuidado las cáscaras de huevo. Pon unas cuantas cáscaras en el mortero y machácalas con la mano de mortero hasta que sólo quede un fino polvo. O ponlas en el molde de aluminio y machácalas con la piedra. Pon primero unas pocas, y luego añade el resto. Te va a tomar unos minutos reducir a polvo todas las cáscaras.

2. Pon una cucharadita de agua caliente en el tazón pequeño. Añade 1 ó 2 gotas de colorante de comida.

3. Añade 1 cucharadita de harina al tazón con el agua y el colorante, y remuévelo todo bien con el batidor.

4. Añade una cucharadita de las cáscaras en polvo y remueve bien con el batidor hasta obtener una mezcla pegajosa.

5. Utiliza la espátula para sacar la mezcla del tazón y póntela en la mano. Presionando con ambas manos, modela la mezcla en forma de barrita. Deja secar la barrita sobre un pedazo de papel de aluminio. Lava bien el tazón y sécalo.

Repite los pasos del 2 al 5 hasta tener 4 barritas de tiza. La tiza va a tomar de 2 a 3 días en secarse completamente.

Escribir una reacción personal

Algunas pruebas te piden que escojas una idea y escribas tu opinión sobre ella. Aquí tienes una muestra.

Escoge una idea y escribe lo que opinas. Escribe por lo menos un párrafo.

a. Muchos de los personajes del tema *Vivimos aquí* visitan lugares especiales del barrio donde viven. ¿A qué lugares de tu barrio te gusta más ir? ¿Por qué?

b. ¿Qué es lo que más te gusta de tu barrio? ¿Por qué?

Consejos

- Lee atentamente las instrucciones.
- Busca palabras clave que te indiquen sobre lo que tienes que escribir.
- Decide sobre qué idea vas a escribir.
- Planea la respuesta antes de empezar a escribir.

Fíjate ahora en un buen ejemplo de respuesta escrito por una estudiante.

Hay muchos lugares a los que me gusta ir en mi barrio. Mi lugar favorito para ir es el Rincón Aprendemos Jugando. A mí me gusta mucho ir allí porque hay un gran salón de juegos, una biblioteca y hasta un cuarto con televisión y video.

Mi segundo lugar favorito es el centro juvenil. Me gusta porque allí está la señorita Fisher. Es muy simpática y amable con todo el mundo y siempre se inventa actividades muy divertidas. Me gusta mucho ir los martes porque es el día del proyecto.

La respuesta se ajusta al tema.

La respuesta contiene palabras descriptivas y palabras exactas.

La respuesta está bien organizada.

Hay pocos errores de gramática, ortografía, mayúsculas o puntuación.

Glosario

En este glosario encontrarás el significado de algunas palabras que aparecen en este libro. Las definiciones que leerás a continuación describen las palabras como se usan en las selecciones. En algunos casos se presenta más de una definición.

acampar
Quedarse al aire libre en tiendas de campaña o cabañas: *Mis padres compraron una tienda de campaña porque nos gusta mucho* ***acampar.***

alboroto
Desorden; confusión: *El bebé se despertó por el* ***alboroto*** *de la gente que se reía y hablaba.*

apartamento
Uno o varios cuartos dentro de una casa o edificio que se usan para vivir: *Estos* ***apartamentos*** *tienen seis cuartos.*

B

balanceada/balanceado
Que está en equilibrio o tiene balance: *Una comida* ***balanceada*** *tiene diferentes tipos de alimentos.*

bigote
Pelo que una persona tiene encima de los labios: *Cuando mi maestro toma leche, le queda un poco en el* ***bigote.***

bombero
Persona que trabaja apagando incendios: *El* ***bombero*** *le echa agua con una manguera al incendio.*

C

camión de bomberos
Camión en que viajan los bomberos y que tiene escaleras y mangueras para apagar los incendios: *El **camión de bomberos** pasó a toda velocidad por la calle para llegar al incendio.*

cansancio
Lo que siente alguien cuando está débil por haber trabajado mucho: *Comenzamos a sentir el **cansancio** en las piernas después de caminar por largo rato a casa.*

carretilla
Carro pequeño que se empuja o arrastra con las manos: *Los trabajadores usaron **carretillas** para mover todas las cajas.*

celebración
Fiesta o actividad que se hace en un día especial: *Las fiestas de cumpleaños son mis **celebraciones** favoritas.*

comprador
Persona que va a las tiendas a mirar o comprar cosas: *Solamente vino un **comprador** a la tienda en toda la tarde.*

compras
Lo que se hace cuando alguien va a una tienda: *José fue de **compras** y compró una camisa nueva.*

cráter
Hueco en la tierra que se parece a un tazón: *El elefante hizo un **cráter** en el suelo con su pata.*

cuarto de despacho
Lugar de donde se envía algo a alguien o donde se envían y se reciben mensajes: *Samuel trabajaba atendiendo el teléfono en el **cuarto de despacho.***

D

dieta

Lo que come y toma la gente o los animales: *Una **dieta** sana incluye muchos vegetales y frutas.*

disfraz

1. Ropa especial que alguien se pone en una obra de teatro o cuando imita a alguien: *Ana se puso un **disfraz** de flor para la fiesta.*

2. Ropa que se pone alguien para parecerse a otra persona: *El payaso en la fiesta se puso un **disfraz** y se parecía al papá de Tony.*

E

emergencia

Problema que ocurre de repente y que se debe resolver rápidamente: *Los bomberos y la policía ayudan cuando hay una **emergencia**.*

entregar

Llevar algo de un lugar a otro: *¿Puedes **entregar** esta pizza a la maestra, por favor?*

equipo

Herramientas o ropa que se usan para hacer una actividad: *Los jugadores de fútbol americano tienen un **equipo** para protegerse, como los cascos.*

equipo para jugar fútbol americano

esparcir

Regar o extender algo: *El pintor **esparcía** periódicos por el suelo antes de pintar.*

espejo

Pieza de vidrio en la que te puedes ver: *María se miró en el **espejo** para ver cómo le quedaba su sombrero nuevo.*

espejo

espeso/espesa

Grueso y lanudo: *El pelo del perro era tan **espeso** que sólo se le veían los ojos.*

estación

1. Parada en una ruta donde los pasajeros suben o bajan de un tren o autobús: *Nos bajamos en la **estación** equivocada y tuvimos que esperar otro tren.*

2. Lugar o edificio donde trabajan empleados de la comunidad: *El camión de bomberos entró a la **estación** de bomberos.*

estación

excursión

1. Caminata muy larga: *Caminar alrededor del lago fue una **excursión** muy larga para un día.*

2. Paseo corto a un lugar para aprender o ver algo: *A los estudiantes les gustan las **excursiones** al nuevo museo del espacio.*

explorar

Ir de paseo a un lugar que nunca has visitado o ver algo que nunca has visto: *Me gusta **explorar** diferentes estantes de la biblioteca.*

F

ficha

Pieza de metal que se usa para pagar, como en los autobuses o en el metro: *Tuvimos que comprar una **ficha** para viajar en autobús.*

ficha

G

guapo/guapa

Persona bien parecida o apuesta: *Beto se ve muy **guapo** con su nuevo peinado.*

guardabosques
Persona que trabaja cuidando los parques o bosques: *El **guardabosques** le dijo a mi mamá qué camino tomar.*

guardabosques

H

hábitat
Lugar donde viven y crecen los animales o las plantas: *El **hábitat** de los osos panda es la selva de bambú.*

hambre
Lo que alguien siente cuando quiere comer: *A los niños les dio **hambre** de tanto correr y jugar.*

hoguera
Fuego que se enciende al aire libre para calentar o cocinar algo: *La mamá de Ángela hizo una **hoguera** para cocinar la cena.*

hoguera

I

imitar
Cuando se copia un sonido, la forma en que alguien se ve o lo que alguien hace: *Lucy **imitaba** muy bien los ladridos del perro.*

J

jefe

Persona que dirige a otras personas: *El **jefe** estaba a cargo de todos los oficiales en la estación de policía.*

L

linterna

Objeto que se toma con las manos y que tiene una luz adentro que se ve por los lados: *Cuando vamos de campamento, usamos una **linterna** para leer en la noche.*

linterna

llevar

Ponerse algo: *Te protegerás del frío **llevando** guantes en el invierno.*

mercado

Lugar al que la gente va a comprar y vender cosas: *Al papá de Tom le gusta comprar la fruta en los **mercados**.*

metro

Tren que viaja a través de túneles que están debajo de la tierra: *La señora Martínez toma el **metro** para ir al trabajo.*

migaja

Pedazo pequeñito de comida, como del pan o una torta: *La gente le da **migajas** de pan a los patos.*

mochila

Bolso que se carga en la espalda para cargar cosas: *Mi **mochila** está muy pesada porque tiene muchas cosas adentro.*

mochila

musgo

Plantas pequeñas, verdes o marrones, que se parecen a una alfombra y crecen en el suelo o sobre las rocas y los árboles: *Está creciendo **musgo** debajo de aquel árbol.*

musgo

O

orilla

1. Punto o línea donde termina un objeto o área: *Isa se sentó en la **orilla** de la piscina y metió los pies en el agua.*

2. El área que toca el borde de un lago o río: *Crecen muchos árboles y arbustos en la **orilla** del río.*

P

placa

Objeto plano de madera, metal o piedra donde se escribe algo sobre una persona o un suceso: *Rosa recibió una **placa** con su nombre por ganar el concurso.*

pluma

Lo que cubre la piel de las aves: *El pájaro se sacudió las gotas de agua de las* ***plumas****.*

pluma

poco profundo

Llano; lugar que no es hondo: *Podemos caminar en la orilla del lago, donde es* ***poco profundo.***

producto lácteo

Alimentos que se hacen con leche, crema, mantequilla o queso: *La leche, el queso y otros* ***productos lácteos*** *vienen de las vacas o cabras.*

productos lácteos

proteger

Mantener a salvo: *Las gafas oscuras* ***protegen*** *tus ojos de los rayos brillantes del sol.*

R

reparto

Relacionado con la persona o el objeto que hace entregas: *El camión de **reparto** nos trajo la estufa nueva.*

restaurante

Lugar donde las personas van a comer: *En vez de cocinar, al señor Chen le gusta comer en **restaurantes**.*

ruido

Uno o más sonidos fuertes: *El **ruido** de la bocina del carro me despertó.*

S

salir

Estar libre: *El pajarito que encontré ayer se **salió** de la jaula.*

sendero

Lugar por el que puedes caminar en un campo o bosque: *Pudimos caminar sin problemas por el bosque porque había un **sendero**.*

T

taquilla

Oficina pequeña donde se venden o compran cosas: *Seis personas estaban en fila para comprar boletos en la **taquilla**.*

tienda de campaña

Lugar en el que puedes dormir cuando vas de campamento, que generalmente está hecho de tela y sostenido por tubos pequeños: *Sara le enseñó a Tony cómo armar su **tienda de campaña.***

tienda de campaña

tragar
Tomar una bebida o un bocado: *A mi mamá no le gustaba cuando yo **tragaba** mi sopa haciendo ruido.*

U

urbano
Que es parte de la ciudad, que está en la ciudad o está relacionado con ella: *Simón se mudó de un pueblo a un vecindario **urbano.***

V

verdura
Planta o parte de una planta que se come: *Me gustan las **verduras** como las zanahorias y los camotes.*

verduras

Acknowledgments

"*Bolita redondita*," originally published as "*Roly-Poly*," from *Play and Find Out About Science*, by Janice VanCleave. Copyright © 1996 by Janice VanCleave. Translated and reprinted by permission of Editorial Limusa.

"*Cómo ser un espía de la naturaleza*," originally published as "*How to Be a Wildlife Spy*," by Carolyn Duckworth from *Ranger Rick* magazine, April 1995 issue. Copyright © Carolyn Duckworth. Translated and reprinted by permission of the author.

"*Consejos para prevenir incendios*," originally published as "*Fire-Safety Tips*," by Martin C. Grube from Highlights for Children magazine, October 1998 issue. Copyright © 1998 by Highlights for Children, Inc., Columbus, Ohio. Translated and reprinted by permission of Highlights for Children.

"*De compras*," originally published as "*Shopping*," from *Dragon Gets By*, by Dav Pilkey. Copyright © 1991 by Dav Pilkey. Translated and reprinted by permission of Orchard Books, an imprint of Scholastic Inc.

Doña Caridad fue a la ciudad, originally published as *Mrs. Brown Went to Town*, by Wong Herbert Yee. Copyright © 1996 by Wong Herbert Yee. Translated and reprinted by permission of Houghton Mifflin Company. All rights reserved.

El barrio Chino, originally published as *Chinatown*, written and illustrated by William Low. Copyright © 1997 by William Low. Translated and reprinted by permission of Henry Holt and Company, LLC.

Selection from "*El campo*," from *Poesías para la infancia*, by Alicia María Uzcanga Lavalle. Text copyright © 1999 by Alicia María Uzcanga Lavalle. Reprinted by permission of Edamex, S.A. de C.V.

El gran bigote, originally published as *Big Bushy Mustache*, by Gary Soto, illustrated by Joe Cepeda. Text copyright © 1998 by Gary Soto. Illustrations copyright © 1998 by Joe Cepeda. Translated and published by arrangement with Random House Children's Books, a division of Random House, Inc., New York, New York.

"*El zumbador*," from *Poemas con sol y son*, by Nimia Vicens. Copyright © 2000 by Farben Grupo Editorial Norma. Reprinted by permission.

Explorar parques con el guardabosques Dockett, originally published as *Exploring Parks with Ranger Dockett*, by Alice K. Flanagan, photographs by Christine Osinski. Copyright © 1997 by Alice K. Flanagan and Christine Osinski. Translated and reprinted by permission of Children's Press, a division of Grolier Publishing.

"*Hacer un tangrama*," originally published as "*Make a Tangram*," from Math Wizardry for Kids, by Margaret Kenda and Phyllis S. Williams. Copyright © 1995 by Margaret Kenda and Phyllis S. Williams. Translated and published by arrangement with Barron's Educational Series, Inc.

Henry y Mudge y la noche estrellada, originally published as *Henry and Mudge and the Starry Night*, by Cynthia Rylant, illustrated by Suçie Stevenson. Text copyright © 1998 by Cynthia Rylant. Illustrations copyright © 1998 by Suçie Stevenson. Translated and reprinted by permission of Simon and Schuster Books for Young Readers, Simon & Schuster Children's Publishing Division. All rights reserved.

Jamaica Louise James, by Amy Hest, illustrated by Sheila White Samton. Text copyright © 1996 by Amy Hest. Illustrations copyright © 1996 by Sheila White Samton. Translated and reproduced by permission of Candlewick Press Inc., Cambridge, MA.

"*Juegos alrededor de la hoguera*," originally published as "*Campfire Games*," from *The Kids Campfire Book*, written by Jane Drake and Ann Love, illustrated by Heather Collins. Text copyright © 1996 by Jane Drake and Ann Love. Text and cover translated and used by permission of Kids Can Press Ltd., Toronto, Canada.

Julio, originally published as *Julius*, by Angela Johnson, illustrated by Dav Pilkey. Text copyright © 1993 by Angela Johnson. Illustrations copyright © 1993 by Dav Pilkey.

Translated and reprinted by permission of Orchard Books, an imprint of Scholastic Inc.

Selection from *More Fables of Aesop*, by Jack Kent. Text copyright © 1974 by Jack Kent. Translated and reprinted by permission of June Kent.

"*La tijera de mamá*," from *Alborada*, by German Berdiales. Copyright © Editorial Kapelusz, S.A. Every effort has made to locate the rights holder of this selection. If the rights holder should see this notice, please contact School Permissions at Houghton Mifflin Company.

Selection from "*Palmas, palmitas, que viene papá…*," from *Tope tope tun: Tradición oral*, by Silvia Castrillon. Text copyright © 1987 by Silvia Castrillon. Reprinted by permission of Editorial Norma S.A.

"*Las pantuflas de Abuelita*," by Lara Rios, originally published in *Algodón de azúcar*, Editorial Costa Rica, 1976. Copyright © 1987 by Ediciones Farben. Reprinted by permission of Ediciones Farben.

"*No cuesta nada ser educado*," originally published as "*It's Easy to Be Polite*," from *Soup Should Be Seen, Not Heard!*, by Beth Brainard and Sheila Behr. Text copyright © 1990 by The Good Idea Kids, Inc. Translated and reprinted by permission of Raphael Sagalyn, Inc. Cover used by permission of Dell Publishing, a division of Random House, Inc.

"*Tizas para la calle*," originally published as "*Sidewalk Sticks*," by Marie E. Cecchini from *Spider* magazine, July 1998 issue, Vol. 5, No. 7. Copyright © 1998 by Carus Publishing Company. Translated and reprinted by permission of Spider Magazine.

Una vuelta a la laguna: ¿Quién ha estado aquí?, originally published as *Around the Pond: Who's Been Here?*, by Lindsay Barrett George. Copyright © 1996 by Lindsay Barrett George. Translated and reprinted by permission of HarperCollins Publishers.

"*Verde marzo*," from *Días y Días de Poesía: Developing Literacy Through Poetry and Folklore*, by Alma Flor Ada. Copyright © 1991 by Hampton-Brown Books. Used with permission of the publisher.

Visita a la estación de bomberos, originally published as *A Trip to the Firehouse*, by Wendy Cheyette Lewison, photographs by Elizabeth Hathon. Text copyright © 1998 by Grossett & Dunlap Inc. Photographs copyright © 1998 by Elizabeth Hathon. Translated and reprinted by permission of The Putnam & Grossett Group, a division of Penguin Putnam Inc.

Special thanks to the following teachers whose students' compositions appear as Student Writing Models: Cheryl Claxton, Florida; Patricia Kopay, Delaware; Susana Llanes, Michigan; Joan Rubens, Delaware; Nancy Schulten, Kentucky; Linda Wallis, California

Photography

5 © 2002 PhotoDisc, Inc. **10** (bkgd) DigitalVision. **10-11** Arthur Tilley/Getty Images. **16** (t) Artville. **35** Courtesy Grolier Inc./Orchard Books. **37** (l) Eyewire. **44-5** Larry Lefever/Grant Heilman Photography **45** (tl) Larry Lefever/Grant Heilman Photography. (tr) Peter Cade/Getty Images. **46** (t) Courtesy Grolier Inc./Orchard Books. (b) Courtesy Grolier Inc./Orchard Books. **75** (b) © 2002 PhotoDisc, Inc. **80** (l) Image Farm/PictureQuest. (b) Peter Cade /Getty Images. **81** (tl) Corbis Royalty Free. (tr) Tony Page/Getty Images. (b) Randy Wells/Getty Images. **80-1** (frame) Image Farm. **82** Courtesy Wong Herbert Yee. **83** (bkgd) Image Farm/PictureQuest. **109** (l) © 2002 PhotoDisc, Inc. **110** (t) Ron Kimball Photography. (b) Lynn M. Stone. **111** (tl) (tr) (br) © 2002 PhotoDisc, Inc. (bl) Classic PIO Partners. **114** (icon) © 2002 PhotoDisc, Inc. **114-5** Jose L. Pelaez/Corbis Stock Market. **121** (tl) Artville. (tr) Corbis Royalty Free. (b) Rob Walker/Workbook CO/OP Stock. **122** (t) (b) Courtesy Simon & Schuster. **149** (b) CORBIS/Peter Johnson. **156** (l) © 2002 PhotoDisc, Inc. (br) CORBIS/Phil Schermeister. **157** (tl) CORBIS/Wolfgang Kaehler. (tr) Keth Wood/Getty Images. (bl) David Young-Wolff/Getty Images. (br) CORBIS/Jim Sugar. **158** (t) (b) Christine Osinski. (icon) © 2002 PhotoDisc, Inc. **159** (bkgd) © 2002 PhotoDisc,

Inc. **174** © 2002 PhotoDisc, Inc. **175** © 2002 PhotoDisc, Inc. **178** (t) © 2002 PhotoDisc, Inc. (ml) Stuart Westmorland /Getty Images. (mr) Rob Simpson/VALAN Photos. (l) PhotoTone. **179** (bkgd) Willard Clay/Getty Images. (bl) Frank Oberle/Getty Images. (bm) John Mitchell/VALAN Photos.(br) Terry Husebye/Getty Images. **180** Mickey Kauffman. (frame) Image Farm. **181** (bkgd) PhotoTone. **204** © 2002 PhotoDisc, Inc. **205** (tr) © 2002 PhotoDisc, Inc. **206** © 2002 PhotoDisc, Inc. **207** (bkgd) Myrleen Cate/IndexStock. (tl) Corbis Royalty Free. (tm) CORBIS/Lynda Richardson. (tr) © 2002 PhotoDisc, Inc. **208** (t) Roy Morsch/Corbis Stock Market. (b) CC Lockwood/Animals Animals. **208-9** Lori Adamski Peek/Getty Images. **226** (bkgd) Corbis Royalty Free. (icon) © 2002 PhotoDisc, Inc. **226-7** © Joan Steiner. **232** CORBIS/Nik Wheeler. **233** (t) Jan Halaska/IndexStock. (b) CORBIS/Dave G. Houser. **257** (r) Courtesy of Henry Holt & Company. **268** (l) Courtesy Wendy Lewison. (r) Elizabeth Hathon. **268-9** (bkgd) Bruce Byers 1992/Getty Images. **269-89** Elizabeth Hathon. **290** (inset) Elizabeth Hathon. (l) George Shelley/Corbis Stock Market. **290-1** Bruce Byers 1992/Getty Images. **329** (l) Carolyn Soto. (r) Michael Justice/Mercury Pictures. **337** (tl) Bud Freund/IndexStock. (tr) Comstock. (b) Jan Halaska/IndexStock. **338** (l) Michael Tamborrino/Mercury Pictures. (r) Courtesy Sheila White Samton. **372** Corbis Royalty Free. **373** (t) © 2002 PhotoDisc, Inc.. (b) CORBIS/Jan Butchofsky-Houser. **375** (l) CORBIS/Joseph Sohm; ChromoSohm Inc. (r) © 2002 PhotoDisc, Inc. **376** © 2002 PhotoDisc, Inc. **377** (t) © 2002 PhotoDisc, Inc.. (b) Photo Sphere Images/PictureQuest. **378** (l) Artville. (r) EyeWire. **379** Corbis Royalty Free.

Assignment Photography

16–7, 180–1, 258–61, 291, 329, 365 (r) Joel Benjamin. **53, 85** (r), **111, 147** (r), **156–7** (bkgd), **178–9, 217, 257, 321, 395** Ken Karp. **117, 263, 399** Tony Scarpetta.

Illustration

10 Bernard Adnet. **76-79** Amanda Haley. **110-111** Ruth Flanigan. **176-177** Jui Ishida. **212-213** Tom Saecker. **215** Craig Spearing. **217** Linda S. Wingerter. **219** Eric Brace. **221** Kumio Hagio. **223** Bernard Adnet. **266-267** Brian Lies. **268** Jeff Zimmerman. **295** Lauren Scheuer. **329** Melissa Iwai. **332-335** Denise & Fernando. **338**, **364**(t) Roxanna Baer.